»Ich glaube, jeglichen ernstzunehmenden Zweifel daran ausräumen zu können, daß Leonard Peltier überhaupt irgendein Verbrechen begangen hat. Selbst wenn er sich schuldig gemacht haben sollte, wenn er das Gewehr abgefeuert hätte, das die beiden FBI-Agenten tötete – und es steht fest, daß er es nicht getan hat –, so hätte er doch nur in Notwehr gehandelt. Und er hätte damit nicht nur seine Leute verteidigt, sondern das Recht aller Menschen und Völker, frei von Unterwerfung und Ausbeutung zu leben.«

Ramsey Clark, ehemaliger Generalstaatsanwalt der USA

»Lauschen Sie dieser kraftvollen, mutigen Stimme, und informieren Sie sich dann über den skandalösen Fall Peltier.«

Peter Matthiessen, Autor von *Auf der Spur des Schneeleoparden*

»Das Buch nimmt seine Leser und Leserinnen mit auf eine emotionale und spirituelle Reise; daß aus Leonard Peltiers Gedanken so viel Hoffnung spricht, führt uns das furchtbare Unrecht seiner vierundzwanzigjährigen Gefangenschaft um so unerträglicher vor Augen.«

Wilma Mankiller, ehemaliges Oberhaupt der Cherokee, Autorin von *Weg der Tränen*

»Aus Leonard Peltiers Worten spricht ein weiser Mensch, der trotz der Jahre seiner Gefangenschaft für ein Verbrechen, das er nicht begangen hat, freier ist als seine Verfolger. Seine Gedanken erinnern uns an die Mission, die wir als Indianer, als Menschen auf diesem, unserem kleinen, wunderbaren Planeten in Wahrheit zu erfüllen haben. Diese Gedanken lassen sich nicht einfangen und hinter Gitter sperren, man kann sie auch nicht mit Kugeln vernichten. Denn sie sind frei.«

Joy Harjo, Muscogee Creek, Dichterin und Musikerin, Autorin von *The Woman Who Fell From the Sky*

»Die bewegende und erschreckende Geschichte eines schweren Justizirrtums und ein beredter Ruf nach einer Wiedergutmachung des Unrechts an den indianischen Bewohnern Nordamerikas, die noch immer darauf warten, daß man sie als gleichwertige Menschen mit denselben unveräußerlichen, verfassungsmäßig garantierten Rechten ansieht wie alle anderen Bürger der USA. Wir beten, daß dieser Ruf nicht auf taube Ohren stößt. Das sind sich die Vereinigten Staaten von Amerika schuldig.«

Desmond M. Tutu, Träger des Friedensnobelpreises, ehemaliger Erzbischof von Kapstadt, Südafrika

»Peltiers Gefängnisaufzeichnungen *als klassische Gefängnisliteratur zu beschreiben würde, auch wenn es zutrifft, Leonard Peltiers Buch nicht gerecht werden. Sie sind viel mehr. Sein Buch ist ein Hilfeschrei, eine Anklage gegen empörende Ungerechtigkeit, das großartige Seelenbekenntnis eines Menschen, der sich nach Freiheit sehnt.«*

Howard Zinn, Autor von *A People's History of the United States*

»Wenn Ihnen Recht und Gerechtigkeit am Herzen liegen, lesen Sie dieses mutige Buch. Wenn Sie wissen wollen, was der weiße Mann unter Recht und Gerechtigkeit den Indianern gegenüber versteht, müssen Sie die Geschichte Leonard Peltiers kennen.«

Gerry Spence, Autor von *Give me Liberty!*

»Das furchtbare Unrecht an Peltier ist ein Schlag ins Gesicht eines jeden freiheitsliebenden Menschen. Aus seinen beredten Worten spricht der Mensch Leonard Peltier, wie er wirklich ist. Er wird frei sein, und mit seiner Freiheit wird unser Volk endlich Genugtuung erfahren. Am Himmel der preiswürdigen Autoren ist ein neuer Stern aufgegangen.«

Dennis Banks, American Indian Movement (AIM)

Mein Leben
ist mein
Sonnentanz

Mein Leben

**Gefängnis-
aufzeichnungen**

ist mein Sonnentanz

Leonard Peltier
US-Häftling Nr. 89637-132

Herausgegeben von
Harvey Arden

Mit einem Geleitwort von
Häuptling Arvol Looking Horse

und einem Beitrag von
Ramsey Clark
Ehemaliger Generalstaatsanwalt der USA

Aus dem Amerikanischen von
Katrin Ehmke

Zweitausendeins

Deutsche Erstausgabe.
1. Auflage, November 1999.

Die amerikanische Originalausgabe ist 1999 unter dem Titel »Prison Writings: My Life Is My Sun Dance« bei St. Martin's Press, New York, erschienen.

»Der Fall Leonard Peltier«. Der Beitrag von Ramsey Clark ist der Text einer Rede, die vor der Native American Journalists Association am 20. Juni 1997 gehalten wurde.

Lektorat: Ekkehard Kunze (Büro W, Wiesbaden).
Umschlaggestaltung: Sabine Kauf.
Satz und Herstellung: Dieter Kohler GmbH, Nördlingen.
Buchgestaltung in Anlehnung an die Originalausgabe.
Druck: Gutmann+Co GmbH, Talheim.
Einband: G. Lachenmaier, Reutlingen.
Printed in Germany.

Dieses Buch gibt es nur bei Zweitausendeins im Versand,
Postfach, D-60381 Frankfurt am Main, Telefon 069-420 8000 oder
01805-23 2001, Fax 069-415 003 oder 01805-24 2001.
Internet www.Zweitausendeins.de, E-Mail info@zweitausendeins.de.
Oder in den Zweitausendeins-Läden in Berlin, Düsseldorf, Essen, Frankfurt, Freiburg, 2x in Hamburg, in Hannover, Köln, Mannheim, München, Nürnberg, Saarbrücken, Stuttgart.

In der Schweiz über buch 2000, Postfach 89, CH-8910 Affoltern a.A.

ISBN 3-86150-324-7

Ich möchte Ethel danken, die mich als Sohn angenommen hat, und Donna, ihrer Tochter, die mir in der bitteren Kälte Kanadas einen Pullover um die Schultern legte. Ich danke ihnen dafür, daß sie damals an mich dachten, wie ich heute an sie denke.

Für all meine Verwandten, die ihr heute und morgen in den Zeremonien an mich denkt; eure Gebete verleihen mir Kraft, denn ihr kennt die wahre Bedeutung von *Mitakuye Oyasin*.

Zeit absitzen zu müssen taucht meine Fantasie in ein wahnsinniges Dunkel …

Zeit absitzen zu müssen tut dir solche Dinge an. Aber natürlich sitzt du keine Zeit ab.

Du bist aus der Zeitrechnung ausgestiegen. Oder besser gesagt, die Zeit hat dich abgeworfen.

Die Zeit ist ein Monster, sie verzehrt das Fleisch deiner Jahre,

Tag für Tag, Biß für Biß.

Zum Geleit

von Häuptling
Arvol Looking Horse

Hua Kola –

Laßt es alle wissen, daß Leonard Peltier ein Sohn unserer Urväter ist, ein Krieger im Geiste für die Völker der Lakota, Dakota und Nakota. Der Geist unserer Ahnen, die für die Rechte unseres Volkes kämpften, wie Crazy Horse und Sitting Bull, ist in ihm. Er ist ein Mann, der die Schmerzen und Leiden unserer Großmütter, Mütter und Kinder mitangesehen hat. Auf der Suche nach Gerechtigkeit für all unsere Verwandten hat er als Sonnentänzer sein Leben dem Volk geopfert. Er bot Wakan Tanka sein Leben dar, damit das Volk wieder Frieden und Glück erfahre.

Ich, Häuptling Arvol Looking Horse, Wächter der heiligen White Buffalo Calf Pipe in der neunzehnten Generation, bitte darum, daß Leonard Peltier den Segen des Großen Geistes erhält, daß seine Worte sich in die Köpfe und Herzen der Menschen prägen. Ich bitte darum, daß seine Gebete erhört werden, er die Freiheit erlangt, die er für sein Volk wollte, und die Wunden seiner Seele verheilen. Und ich bitte jene, die ihm heute noch Schmerz und Leid zufügen, ihre Fehler zu erkennen. Laßt uns alle gemeinsam darauf hinarbeiten, Gerechtigkeit wiederherzustellen, damit das Band unserer Nation heilt und unsere Kinder bessere Zeiten erleben.

Im Namen aller O'yate bitte ich Tunkashila um die Entlassung Leonard Peltiers, damit er Freiheit genießen kann. Jeden von euch rufe ich einzeln und persönlich an, mit keinem Atemzug den Kampf um die Freiheit Leonard Peltiers zu vergessen. Gebt ihn uns zurück!

Ich, Horse Man, spreche diese Worte aus meinem Herzen, von den Paha Sapa, den heiligen Black Hills, dem Herzen aller Dinge – und ich bete um die Rückgabe unseres Landes, das ebenso unter den Händen unserer Unterdrücker gelitten hat.

Friede sei mit euch allen.

Mitakuye Oyasin – All meine Verwandten.

Häuptling Arvol Looking Horse,
Wächter der heiligen White Buffalo Calf Pipe
in der neunzehnten Generation

Ein Gebet

Urvater,
Unergründlicher,
Auf deinem Weiten Roten Weg
suchen wir nach dir.

Himmelsvater,
Tunkashila,
Wir danken dir für diese Welt.
Wir danken dir für unser Leben.
Wir bitten nur um deinen Segen
und um dein Geleit.

Urvater,
Geheiligter,
Lenk unsere Schritte auf den heilgen Pfad,
der zu dir führt.
Gib uns Kraft und auch den Mut,
unsere Kinder und uns selbst zu führen
aus dem Dunkel, in das wir geraten.
Lehre uns, uns selbst zu heilen,
einander zu heilen,
die Welt zu heilen.

Noch heute wollen wir beginnen,
noch in dieser Stunde,
die Große Heilung zu erwirken.

Der Fall Peltier

von Ramsey Clark,
Rechtsberater Leonard
Peltiers und ehemaliger
Generalstaatsanwalt der
Vereinigten Staaten

Ich will erläutern, warum die Freiheit Leonard Peltiers von so enormer Wichtigkeit ist.

Auf dieser Erde leben noch über zweihundert Millionen Ureinwohner, vielleicht sogar dreihundert Millionen. Und überall sind sie die bedrohteste Spezies der menschlichen Art. *Von ihrer Rettung jedoch hängt das Überleben der gesamten Menschheit ab.*

Leonard Peltier ist ein Symbol dieses Kampfes. Es macht mich mutlos, traurig und wütend, daß so viele Amerikaner vergessen haben oder vielleicht nie wußten, wer er ist und wofür er steht. Wenn wir ihn vergessen, vergessen wir den Kampf selbst. Seltsamerweise ist er in Europa, Kanada, Südamerika, Asien und Afrika viel bekannter als in den Vereinigten Staaten. Aufgeklärte Menschen in aller Welt sehen in ihm einen Kämpfer für die Würde, die Souveränität, die Zukunft aller indigenen Völker dieser Erde. Und sie fragen sich, wie es angehen kann, daß dieser Mann schon so lange in Gefangenschaft ist, obwohl seine Unschuld auch jenen, die ihn gefangenhalten, bekannt ist. Seine Stimme und die dringende Botschaft aller indigenen Völker sind hier in den Vereinigten Staaten gedämpft, wenn nicht gar erstickt worden. Jene, die ihn hinter Gitter brachten – und fast ein Vierteljahrhundert später immer noch darauf bestehen, daß er dort bleibt –, glauben, daß er auf den Müllhaufen der Geschichte gewandert ist, zusammen mit den Anliegen aller Urvölker dieser Welt. Wir dürfen nicht zulassen, daß dies so weitergeht.

Ich glaube, jeglichen ernstzunehmenden Zweifel daran ausräumen zu können, daß Leonard Peltier überhaupt irgendein Verbrechen begangen hat. Selbst wenn er sich schuldig gemacht haben sollte, wenn er das Gewehr abgefeuert hätte, das die beiden FBI-Agenten tötete – und es steht fest, daß er es nicht getan hat –, so hätte er doch nur in Notwehr gehandelt. Und er hätte damit nicht nur seine Leute verteidigt, sondern das Recht aller Menschen und Völker, frei von Unterwerfung und Ausbeutung zu leben. Es gab keinen einzigen glaubwürdigen Augenzeugen dafür, daß Leonard an diesem tragischen Tag im Juni 1975 in Oglala im Pine Ridge-Reservat, South Dakota, auf irgendjemand gezielt hat. Es gab dafür, daß er jemanden getötet habe, keinen einzigen Beweis – außer gefälschten und Indizienbeweisen, die man auf ganz ungeheuerliche Art und Weise mißbrauchte, verschwieg oder verdrehte. Die vielen Gewalttaten, die im Pine Ridge-Reservat damals stattfanden und direkt zu den Ereignissen dieses Tages führten, sind nur eine von vielen, vielen Tatsachen, die bei diesem erschreckend ungerechten Verfahren verschwiegen wurden – einem Verfahren, das damals wie heute ein Schandfleck für das amerikanische Rechtssystem ist. Die gegen die traditionelle Bevölkerung des Reservats gerichtete Gewalt hatte schon zuvor eine damit im Zusammenhang stehende und bekanntere Tragödie herbeigeführt: die Ereignisse um die Besetzung und Belagerung von Wounded Knee, 1973. In den Jahren zwischen 1973 und 1975 nahm diese Gewalt noch immens zu.

Zur Zeit des Vorfalls von Wounded Knee, 1973, gab es in ganz South Dakota nur eine Handvoll FBI-Agenten und nur einen, der ständig dort war. 1975 waren es sechzig. Es war eine Übermacht, die der kleinen Volksgruppe gegenüber Stellung bezogen hatte. Mehr als sechzig Indianer – einige sprechen sogar von dreihundert – starben während dieser zwei Jahre im Pine Ridge-Reservat eines gewaltsamen und ungeklärten Todes. Zum überwiegenden Teil geschah dies infolge von Aktionen, die die US-Regierung angezettelt hatte. Daran bestehen kaum Zweifel.

Mit Unterstützung der Regierung bildete sich eine verbrecherische, paramilitärische Gruppe, deren Mitglieder sich stolz GOONs nannten – Guardians of the Oglala Nation (Hüter der Nation der Oglala). Sie wurden mit Waffen ausgerüstet, ausgebildet und dazu angestachelt, gegen traditionell gesinnte Indianer und ihre Verbündeten beim American Indian Movement (AIM) gewalttätig vorzugehen. Noch heute gedenkt man dieser Zeit als der »Schreckensherrschaft« (»reign of terror«). Allein im März 1975 wurden sieben Indianer ermordet. Trotz der Anwesenheit einer Armee von FBI-Agenten sowie anderer bundesstaatlicher, staatlicher und stammeseigener Gesetzeshüter wurde in diesen Todesfällen so gut wie gar nicht ermittelt. Und das war der Grund, warum die Traditionalisten, die Ältesten der Lakota (Sioux), das AIM baten, ihnen ein paar Leute zu ihrem Schutz zu schicken, wie sie es schon zwei Jahre zuvor bei Wounded Knee getan hatten. Gott sei Dank, kann man nur sagen.

Eine kleine Gruppe tapferer, engagierter AIM-Mitglieder – keine siebzehn an der Zahl, darunter nur sechs Männer, einer von ihnen Leonard Peltier – kam nach Pine Ridge, um traditionsbewußte Indianer vor den Gewalttaten zu schützen, die unsere Regierung insgeheim und illegalerweise duldete und in die Wege geleitet hatte. Die AIM-Kämpfer errichteten auf dem abgelegenen Anwesen von Harry und Cecilia Jumping Bull – zwei Älteste, die nach anhaltenden Bedrohungen durch die GOONs ernstlich um ihr Leben fürchteten – gemeinsam mit ansässigen traditionsbewußten Indianern eine Zeltstadt, ein »spirituelles Camp«, wie sie es nannten.

Wir dürfen nicht vergessen, daß dies die Zeit des Vietnamkriegs war, als die Regierung auf jegliche Dissidentengruppierungen paranoid reagierte. Diese Dinge stehen alle in engem Zusammenhang. Nie sollten wir die herzzerreißenden Worte Martin Luther Kings vergessen, der sich 1967 gegen den Vietnamkrieg aussprach und verkündete: »Der größte Lieferant für Gewalt auf dieser Erde ist meine eigene Regierung.«

Daß die Regierung damals Gewalt gegen traditionsbewußte Indianer des Pine Ridge-Reservats erzeugte, steht völlig außer Zweifel. Sie diente als Mittel zur Herrschafts- und Machtausübung. Einige glauben, daß die Interessen von Energiekonzernen dahinterstanden, daß die bis dato unangezapften reichhaltigen Mineralvorkommen des Reservats ausgebeutet werden sollten, insbesondere Uran.

Aus Dokumenten, die in den 90er Jahren im Zuge des Freedom of Information Act zugänglich gemacht wurden, wissen wir heute, daß die FBI-Leute schon seit mindestens zwanzig Minuten in Stellung gegangen waren, als die beiden Autos auf das Jumping Bull-Grundstück gefahren kamen und damit den »Vorfall bei Oglala« heraufbeschworen. Die Regierung hatte sich auf eine größere Sache vorbereitet.

Während des Gerichtsverfahrens gegen Leonard Peltier in Fargo, North Dakota, 1977, ließ der Richter unbegreiflicherweise keinerlei Hintergrundinformationen für die Beweisführung des Falles zu. Die schwerwiegendste Tatsache, die somit ausgeschlossen wurde, war diese ganze von der Regierung initiierte Gewalt, die die Tragödie erst herbeiführte und den Tod zweier ihrer eigenen Agenten zur Folge hatte.

Warum waren denn die Leute des AIM dort? Warum war denn Leonard Peltier dort? Er war dort, um Menschen zu beschützen, Menschen seines Volkes, die umgebracht wurden! Wenn das ein Verbrechen ist, wo leben wir dann?

Aber die Verbrechen der Regierung sollten hier nicht enden. Unser gesamtes Rechtssystem wurde unterlaufen, als sie eine Zeugin, eine arme und unwissende Indianerin, so lange verhörten und einschüchterten, bis sie aussagte, Leonards Freundin zu sein und tatsächlich gesehen zu haben, wie er die Agenten erschoß. Diese Aussage benutzten sie dann, um Leonards Auslieferung aus Kanada zu erwirken, wohin er geflohen war, weil er genau die Art von Feme fürchtete, die ihm in den Gerichtssälen der Vereinigten Staaten letztendlich bevorstand.

Wie das FBI sehr wohl wußte, war die Frau nicht einmal am Tatort gewesen, war Leonard Peltier nie begegnet und hatte ihn auch niemals gesehen. Und das wußte die Regierung! Es ist mir immer noch unbegreiflich, wie sie über diese Frau reden und ihr vorwerfen können, nicht die Wahrheit gesagt zu haben. Denn lang nachdem alles vorbei war, gaben sie offen zu, daß es »nicht die Spur eines Beweises, nicht den Funken eines Beweises« – so ihre eigenen Worte – dafür gibt, daß die Frau irgendetwas bezeugen könne. Sie gaben sogar zu, daß sie gar nicht da war. Soll man nun etwa glauben, daß sie sich freiwillig dafür gemeldet hat, drei eidesstattliche Erklärungen abzugeben? Was mußte diese arme Frau während der Verhöre durchstehen? Welche Art von Mißhandlungen? Es waren die gleichen Mißhandlungen und Machenschaften, die an der gesamten traditionsbewußten Bevölkerung des Pine Ridge-Reservates begangen wurden – noch dazu von Agenten der Regierung. Man stelle sich einmal vor, durch welche Behandlung sie schließlich gezwungen wurde, eine gänzlich falsche Aussage zu machen; wie sie benutzt wurde, um Leonard Peltier zu fassen zu kriegen und hierher zurückzuholen. Welch schändliche Vorgehensweise! Welch kriminelle Vorgehensweise! So lange dies unangefochten und ungestraft bleibt, sind wir *alle,* jeder einzelne Bürger unserer großen Nation, der gleichen unverhohlenen und arroganten Ungerechtigkeit ausgesetzt.

Was für Verschleierungen noch vorgenommen wurden, um Leonard Peltier hinter Gitter zu bringen, ist kaum zu glauben. Wie sicherlich schon bekannt ist, war das Untersuchungslabor des FBI in letzter Zeit Gegenstand einer ganzen Reihe von Berichten, in denen es beschuldigt wurde, Beweismaterial zurechtgebastelt, verfälscht oder unzulänglich ausgewertet zu haben. Und das einzige Beweismaterial gegen Leonard Peltier ist derartig absurd und dürftig, daß diese sogenannten Beweise keinen Pfifferling wert wären, würde es denn im FBI-Labor mit Sachkenntnis und mit rechten Dingen zugehen. Bei der Verfolgung ihres erlogenen Falls gegen Peltier hielt die Regierung Laborberichte zurück, aus denen hervorging, daß die eine Patrone (es war nicht einmal eine Patrone, sondern nur eine Patronenhülse, eine leere Hülse) nicht mit der »Wichita AR-15«, der sogenannten Mordwaffe, in Verbindung gebracht werden konnte. Und trotzdem behauptete das FBI, daß die AR-15-Patronenhülse (bei der eben fraglich ist, ob es sich dabei nicht auch um fingiertes Beweismaterial handelt) aus dieser bestimmten AR-15 abgefeuert worden war, obwohl ihr eigenes Labor sagte, daß kein Zusammenhang zwischen ihnen bestand. Den Beweis für das Gegenteil unterschlugen sie während der gesamten Verhandlung gegen Leonard in Fargo und begingen damit einen Rechtsbruch. Aber selbst wenn sie die Hülse dem Gewehr hätten zuordnen können, wäre damit noch lange nicht erwiesen, daß Leonard es benutzt hatte, geschweige denn, daß es sich dabei überhaupt um die Mordwaffe handelte. Leonard war über zweitausendvierhundert Kilometer entfernt von Wichita, Kansas, wo das Gewehr Wochen nach der Schießerei bei Oglala gefunden wurde. Wie kam man also überhaupt darauf, daß dies sein Gewehr sein sollte? Nun, auch dafür hatte man sich etwas ausgedacht. Das FBI behauptete, daß es auf dem ganzen Reservatsgelände nur eine einzige AR-15 gab. Wie man sehr wohl wußte, war das allerdings völlig falsch. Inzwischen haben Gerichte zweifelsfrei bestätigt, daß sich zahlreiche AR-15 dort befanden, ebenso M16, für die die gleichen 223er Hochgeschwindigkeitspatronen verwendet werden, die angeblich die FBI-Agenten töteten.

Bei Leonards Verhandlung stellten die Ankläger der Staatsanwaltschaft eine Szene nach, für die sie absolut keine Beweise hatten – eine erfundene Szene, in der ein bereits aus der Ferne verwundeter Agent die Hand vors Gesicht hielt und flehte, man möge nicht schießen, und dann durch seine Hand hindurch aus nächster Nähe von Leonard Peltier erschossen wurde, welcher daraufhin herumwirbelte und auch den anderen Agenten aus nächster Nähe erschoß. Der einzige Haken an der Sache war, daß es für diese Darstellung absolut keine Beweise gab, kein Zeuge sagte etwas Derartiges aus. Trotzdem wurden die Geschworenen so eingeschüchtert, daß sie diese komplett falsche Geschichte glaubten.

1985, nachdem Leonard bereits zehn Jahre seiner Haftstrafe abgesessen hatte, gab einer der Ankläger freimütig zu: »Wir wußten nicht, wer die beiden Agenten erschoß.« Genau das war es, was er sagte: »Wir wußten nicht, wer die beiden Agenten erschoß.« Inzwischen ist längst ein weiteres Jahrzehnt vergangen, und Leonard Peltier ist immer noch in Haft. Er sitzt im Gefängnis, weil er in zwei Fällen des Mordes schuldig befunden wurde, sitzt zweimal lebenslänglich ab – für ein Verbrechen, von dem die Regierung weiß, daß er es nicht begangen hat! Durch den Strafvollzug an Leonard Peltier führen diejenigen, die ihn von seinem Volk weggeschlossen halten, die unehrenhafte, jahrhundertealte Politik der Beherrschung und Unterdrückung indianischer Völker fort. Leonard Peltier ist das Symbol dieser Herrschaft und anhaltenden Unterdrückung. Ist es ein Wunder, daß man ihn einen »politischen Häftling« nennt?

Selbst nachdem die Regierung eingeräumt hatte, nicht zu wissen, wer die Agenten getötet hat, unternahm sie nichts, um Leonard freizulassen und eine Untersuchung ihrer eigenen Delikte einzuleiten. Stattdessen ging sie dazu über, einen neuen, ebenso erlogenen Grund dafür anzuführen, warum Leonard weiterhin in Haft bleiben müsse. Sie beschuldigten ihn der Beihilfe, das heißt dem Mörder der beiden FBI-Agenten, wer auch immer dies war, geholfen zu haben. Dabei war er von den Geschworenen ja deshalb zu zweimal lebenslänglich verurteilt worden, weil sie die erdichtete Geschichte des Anklägers glaubten, er habe die verletzten Agenten aus nächster Nähe kaltblütig erschossen – und nicht etwa wegen der vagen Beschuldigung der »Beihilfe«. Niemals hätten sie ihn zu zweimal lebenslanger Haft verurteilt, nur weil er sich am Tatort befand. Am Tatort waren auch Dutzende andere, die versuchten, ihre Alten, Frauen und Kinder vor dem unrechtmäßigen und unangemessenen Überfall auf das Jumping Bull-Anwesen zu schützen.

Eigentlich mußte die Regierung uns nicht erst sagen, daß sie nicht weiß, wer die Agenten erschoß. Aus der gesamten Akte geht dies schon hervor. Und die Verantwortlichen wollen auch nicht, daß irgendjemand es herausfindet. Sie wollen, koste es, was es wolle, daß die Welt Leonard Peltier für schuldig hält, denn ihr Ruf steht auf dem Spiel.

Der Präsident der Vereinigten Staaten kann dieses Urteil, wann immer er möchte, im Namen der Gerechtigkeit aufheben. Verfassungsgemäß hat er die vollständige und absolute Macht darüber. Wir müssen verlangen, daß er es tut, und wir müssen es noch dieses Jahr verlangen, noch heute. Wir müssen unsere Stimmen erheben. Wir müssen einen millionenstarken, einen zigmillionenstarken Chor bilden.

Solange dies nicht geschieht, ist jeder neue Tag, ist jeder Sonnenaufgang, jeder Morgendunst ein neues Verbrechen an der Würde der indianischen Völker und der Ehre der Vereinigten Staaten von Amerika. Denn so lange Leonard Peltier in Haft ist, sind wir es auch.

Vorwort

Unschuld ist die schlechteste Verteidigung. Unschuld hat eine einzige Stimme, die lediglich wieder und wieder sagen kann: »Ich war es nicht.« Schuld hingegen hat tausend Stimmen, und jede einzelne lügt.

Ich habe meine Unschuld schon so oft beteuert, in so vielen Gerichten, in so vielen öffentlichen Erklärungen, die das Leonard Peltier Defense Committee veröffentlicht hat, daß ich sie hier nicht mehr wiederholen möchte. Noch will ich auf diesen Seiten die scheinbar unendlich vielen Details meines »Falls« erörtern. Dies ist schon auf mehr als sechshundert Seiten in Peter Matthiessens Buch *In the Spirit of Crazy Horse: The Story of Leonard Peltier and the FBI's War on the American Indian Movement* meisterhaft geschehen. Es freut mich, sagen zu können, daß dieses mutige Buch nun wieder in den Läden steht, nachdem man es acht Jahre lang durch letztendlich abgewiesene Klagen aus dem Verkehr gezogen hatte. Die Neuauflage von 1991 (Viking/Penguin) liefert eine Darstellung der Gerichtsverfahren. Auch damit will ich mich hier nicht aufhalten. Ich bedauere nur, daß diese Verfahren das Buch der Wahrnehmung und dem Gewissen der

Öffentlichkeit genau in einer entscheidenden Phase meiner Verhandlungen über ein Berufungsverfahren vorenthielten. Das war wohl auch ihr Sinn und Zweck, nehme ich an.

Ich habe in den letzten zwanzig Jahren buchstäblich Tausende von Stellungnahmen veröffentlicht, viele davon in *Spirit of Crazy Horse,* der alle zwei Monate erscheinenden Zeitschrift des Leonard Peltier Defense Committee. Ich bin stolz auf die Entwicklung dieser unabhängigen Zeitschrift, die nun versucht, auch für viele andere unschuldig Inhaftierte Gerechtigkeit zu erkämpfen, nicht nur für mich. Ursprünglich hatte ich gedacht, daß ich für dieses Buch einfach eine Auswahl meiner früheren Stellungnahmen neu abdrucken würde. Aber beim Durchsehen merkte ich, daß sich die meisten Schriften auf besondere Umstände meines Falls bezogen, zeitlich gebunden und sehr spezifisch waren, so daß sie heute nur noch von geringer Relevanz wären.

Anstatt also einfach meine früheren Schriften zu redigieren und neu abzudrucken, bat ich meinen Freund Harvey Arden – der langjähriger Verfechter meiner Sache und Mitautor von *Hüter der Erde. Begegnungen mit Indianern Nordamerikas* (Frederking und Thaler 1994) ist –, mir bei der schwierigen Aufgabe zu helfen, die gesamte Bandbreite meiner Gedanken und Schriften auf das Wesentliche zu konzentrieren. Im vorliegenden Buch finden sich gelegentlich ein Satz oder ein paar Absätze aus Stellungnahmen, die ich bereits früher für meine Anhänger veröffentlicht habe. Der überwiegende Teil aber ist neu, neu überdacht und überarbeitet.

Ich bin Harvey für seine geduldige redaktionelle Hilfe bei diesem oft sehr schwierigen Prozeß unendlich dankbar. Ich hatte ursprünglich gedacht, es würde genügen, meine an die Öffentlichkeit gerichteten und politischen Gedanken zu verwenden, zusammen mit ein paar bruchstückhaften Skizzen für eine Autobiografie, die ich eines Tages zu schreiben hoffe. Aber Harvey hat nicht lockergelassen und mich angehalten, auch meine persönlichsten Gefühle und inneren Erfahrungen zu erforschen. Unter dem verwandten Material befinden sich jetzt auch Gedanken und Notizen aus einer ungeordneten Sammlung loser Blätter mit tagebuchartigen Einträgen, die ich aus dem Buch über mein tägliches Leben hier in Leavenworth herausgerissen habe. Sie sind im Laufe von Monaten, ja, Jahren, niedergeschrieben worden und sind hier mit Erinnerungen und anderen Gedanken vermischt.

Was auf diesen Seiten folgt, ist also mein persönliches Zeugnis, so gut ich es unter den Umständen niederlegen kann. Zwischen den Tagebucheinträgen, Seelen-Gedanken, politischen Grübeleien und persönlichen Erinnerungen finden sich zerstreut einige kleine Diamanten meiner Überlegungen in Form von Gedichten. Aber ich betrachte sie nicht als Gedichte. Es sind bedeutungstragende und hoffentlich heilsame Pfeile, die ich von meinem Herzen zum Herzen der Leser sende. Ich hoffe, sie treffen ihr Ziel. Viele dieser Gedichte wurden auf Papierfetzen im ewigen Zwielicht meiner Zellennächte geschrieben und werden hier erstmals veröffentlicht. Einige scheinen mir von bleibender Bedeutung zu sein, sie senden ein paar Lichtstrahlen durch die Schatten, die mich umgeben und gefangenhalten. Jedes von ihnen fängt einen kritischen Moment meines Geistes- und Seelenzustandes ein. Und für einen Mann, der wegen eines Verbrechens, das er nicht begangen hat, im Gefängnis sitzt, ist jeder Moment ein kritischer Moment.

Es erscheinen immer neue Bücher, Zeitungsartikel und Filme, die meinen Fall betreffen. Von letzteren ist der bekannteste wohl der Dokumentarfilm *Incident at Oglala* von Robert Redford und Michael Apted. Außerdem ist gerade eine Spielfilmproduktion in Arbeit. Laßt euch von einem Mann, der einen Großteil seines Lebens in einem Loch aus Stein und Stahl verbracht hat, sagen, daß es mich sowohl erstaunt als auch unendlich dankbar macht, solche Aufmerksamkeit von der Welt da draußen zu bekommen, die uns hier hinter diesen Mauern meist doch vergißt.

Für uns, die wir hier eingesperrt sind, gibt es nichts Wichtigeres, als daß man sich unserer erinnert.

Leonard Peltier
September 1998
Strafvollzugsanstalt Leavenworth

Teil I
Mit meinen Worten

Dies ist das
dreiundzwanzigste Jahr
meiner Gefangenschaft
für ein Verbrechen,
das ich nicht begangen
habe.

Kapitel 1

22.00 Uhr. Zeit für das nächtliche Einsperren und Durchzählen. Die schwere Metalltür meiner Zelle macht ein drohendes, knirschendes Geräusch und gleitet dann mit einem lauten Knall abrupt ins Schloß. Ich höre, wie andere Türen im Zellenblock fast gleichzeitig zuknallen. Die Wände vibrieren, so wie meine Nerven. Obwohl ich genau weiß, was gleich passieren wird, fahre ich bei dem plötzlichen Geräusch zusammen. Ich bin hier drinnen immer angespannt, immer nervös, immer wachsam. Ich wäre ein Narr, wenn ich es nicht wäre. Man darf nie seine Deckung verlassen, wenn man in der Hölle lebt. Jedes plötzliche Geräusch birgt seinen eigenen Schrecken. Jedes Schweigen, jede Stille auch. Ich weiß, eins dieser Geräusche – oder ein Schweigen – könnte für mich das letzte sein. Aber welches? Jeder unerwartete Schritt, jede zufallende Metalltür läßt meinen Körper leicht zusammenzucken. Wird der Tod sich mit einem lauten Schrei ankündigen oder seine Arbeit in Stille verrichten? Wird er langsam kommen oder schnell? Macht es einen Unterschied? Wäre schnell nicht auf jeden Fall besser als langsam?

Der Schatten eines Wärters gleitet am rechteckigen Fenster meiner Zellentür vorbei. Ich höre das Klimpern seines Schlüsselbundes und das geistlose Quäken seines Funkgerätes. Er schaut herein, beobachtet, beobachtet. Er sieht mich hier mit übereinandergeschlagenen Beinen im Halbdunkel sitzen, wie ich vornübergebeugt auf meinem Bett kauere und auf diesen Block schreibe. Ich sehe nicht zu ihm auf. Ich spüre, wie sein Blick über mich hinweggleitet, haften bleibt, dann weitergleitet, an der schlafenden Gestalt meines leise schnarchenden Zellengenossen im Bett über mir wieder haften bleibt. Jetzt geht er vorbei. Mir sträuben sich die Nackenhaare.

Ein weiterer Tag geht zu Ende. Das ist gut. Aber nun beginnt eine weitere Nacht. Und das ist schlecht. Die Nächte sind schlimmer. Die Tage passieren einfach so. Die Nächte muß man sich vorstellen, heraufbeschwören, ohne fremde Hilfe. Sie sind der Stoff, aus dem deine eigenen Alpträume sind. Das Licht wird gedämpft, aber es wird nie ganz ausgeschaltet hier drinnen. Überall lauern Schatten. Schatten im Schatten. Einer dieser Schatten bin ich selbst. Ich, Leonard Peltier, im Land meiner Herkunft, dem Great Turtle Island, auch bekannt als Gwarth-ee-lass – »Er führt das Volk«. Unter meinen Lakota-Brüdern auch bekannt als Tate Wikuwa – »Der Wind jagt die Sonne«. Auch bekannt als US-Häftling Nr. 89637-132.

Ich lege mein Kissen an die Betonwand hinter mir, lehne mich dagegen und liege mit angezogenen

Beinen hier auf meiner Gefängnispritsche. Ich habe meine grauen Gefängnisjogginghosen und mein graues Sweatshirt an. Sie werden als Schlafanzug gehen. Es ist kühl hier drinnen in dieser Winternacht. Ein Frösteln liegt in der Luft. Das Metall, die Betonwände und der Steinfußboden strahlen um diese Jahreszeit eine permanente Kälte aus.

Die Alteingesessenen erzählen davon, wie sie früher im Winter splitterfasernackt ins »Loch« geworfen wurden, wo die Wände und der Boden aus Stahl sind, ohne daß sie auch nur eine Pritsche oder eine Decke gehabt hätten, um sich zu wärmen. Sie mußten sich auf Knie und Ellenbogen kauern, um so wenig wie möglich mit dem wärmeentziehenden Stahlboden in Berührung zu kommen. Heute bekommt man in der Regel Kleider und eine Pritsche und eine Decke, aber auch nicht viel mehr. Meiner Erfahrung nach ist und bleibt das Loch – mit dem ich in den letzten dreiundzwanzig Jahren in diversen staatlichen Haftanstalten gute Bekanntschaft gemacht habe, da ich schließlich selbst so etwas wie ein Alteingesessener geworden bin – von allen Foltermethoden die unmenschlichste. Eine Psychohölle. Glücklicherweise bin ich da im Moment gerade raus.

Auch aus der Hitze bin ich raus, die uns geplagt hat, bis sie vor etwa zehn Jahren endlich Klimaanlagen im Zellenblock installierten. Bis dahin war Leavenworth als das »Gewächshaus« verschrien, weil es keine Klimaanlage gab, nur große Ventilatoren an den

Wänden, die dir in der betäubenden Hitze eines 38 Grad heißen Sommertages in Kansas die schwere, träge, nicht zu atmende Luft wie Schweißbrenner ins Gesicht bliesen. Manchmal verbrannten sie wortwörtlich den Schweiß auf deinem Gesicht, ehe er sich bilden konnte, besonders, wenn du in einem der stickigen oberen Stockwerke des fünfstöckigen Zellenblocks warst.

Aber dafür haben wir immer noch den Lärm, ständig dieser Lärm. Ich nehme an, daß es draußen auch meist laut ist, aber hier drinnen schickt dein Kopf jedes Geräusch durch einen Verstärker. Das Lüftungssystem tost und braust und faucht. Unidentifizierbares Klirren und Knarren, Rauschen und Gurgeln tönt aus den Wänden. Summer und Klingeln zermürben deine Nerven. Geisterhafte, oft unverständliche Stimmen dröhnen und quäken über Lautsprecher. Unentwegt knirschen und knallen Stahltüren zu, und knirschen und knallen erneut zu. Ein nie verstummender Chor aus Rufen, Heulen und Kreischen, irrem Gebrabbel, verrückten Schreien und geisterhaftem Lachen liegt wie ein Klangteppich unter allem. Eines Tages erkennst du vielleicht eine dieser Stimmen als deine, dann fängst du an, dich ernsthaft zu sorgen.

Von Zeit zu Zeit mußt du von deiner Zelle in eine andere ziehen, und das ist immer ein großes Ereignis in deinem Leben. Deine Zelle ist so ungefähr das einzige, was du hast, dein einziger Zufluchtsort. Wie für ein Tier der Käfig, so ist es dein Zuhause – ein

Zuhause, bei dem man sogar auf Obdachlose noch neidisch werden könnte. Die verschiedenen Zellenblöcke dieser alten Strafvollzugsanstalt haben auch unterschiedliche Zellen, einige sind durch Gitter getrennt, andere – wie die, in der ich im Moment bin – sind zwei mal drei Meter große Abstellräume mit Betonwänden und einer Stahltür. Es gibt ein Klo, einen Ausguß, ein Doppelstockbett und ein paar niedrige Stahlschränke an der Wand, die eine provisorische und immer überfüllte Schreibtischoberfläche abgeben.

Kürzlich haben sie einen zweiten Insassen in meine Zelle verlegt, gerade als ich mich daran gewöhnt hatte, mal eine Weile selig allein zu verbringen. Er hat das obere Bett. Während ich hier mit dem staatlichen Schreibblock auf dem Schoß halbwegs zu sitzen versuche, hängt sein schwerer, schnarchender Körper durch, fast bis auf meinen Kopf. Als der ältere Bewohner dieser Luxuseinrichtung hatte ich wenigstens die Wahl der Betten und habe das untere genommen, was für mein Knie viel besser ist, mit dem ich schon seit Jahren Probleme habe. Ich vermute, daß sie ihn als eine Art Bestrafung zu mir verlegt haben – eine Strafe für uns beide, schätze ich –, aber keiner von uns hat die leiseste Ahnung, wofür wir bestraft werden.

Das erste, was du hier drinnen verstehen mußt, ist, daß du nie etwas verstehst. Eins ist klar, sie wollen nicht, daß es dir je gut geht, noch wollen sie, daß du je ein Gefühl von Sicherheit bekommst. Und das bekommst du ganz sicher auch nicht. Sicherheit ist die eine Sache, die du in einem Hochsicherheitsgefängnis nie haben wirst.

Jetzt, in dieser winterlichen Nacht, werfe ich mir die grobe, graue Wolldecke über die Knie und stopfe mir ein Handtuch in den Nacken, um die Kälte abzuhalten. Ich behalte die Socken unter der Decke an, zumindest, bis ich wirklich schlafen will. So gut es geht, kritzele ich mit einem Bleistiftstummel, von dem jemand den Radiergummi abgekaut hat, auf diesem gelben staatlichen Schreibblock aus dem Gefängniskiosk herum. Im Halbdunkel kann man seine eigene Handschrift kaum erkennen, aber es geht schon.

Ich weiß nicht, ob irgend jemand dies je lesen wird. Vielleicht wird jemand es lesen. Dieser Jemand kannst dann nur du sein. Ich versuche mir vorzustellen, wer du bist und wo du dies liest. Hast du es bequem? Fühlst du dich sicher? Ich möchte diese Worte persönlich an dich richten. Ich grüße dich, mein Freund. Danke für deine Zeit und deine Aufmerksamkeit, auch für deine Neugier. Tritt ein in meine Welt. Tritt ein in mein Haus aus Stahl. Tritt ein in Leavenworth.

Kapitel 2

Ich habe beschlossen, daß die Zeit für mich gekommen ist, mein persönliches Testament zu schreiben, es in Worten niederzulegen – nicht, weil ich vorhabe zu sterben, sondern weil ich vorhabe zu leben.

Dies ist das dreiundzwanzigste Jahr meiner Gefangenschaft für ein Verbrechen, das ich nicht begangen habe. Ich bin jetzt gerade vierundfünfzig. Ich bin seit meinem einunddreißigsten Lebensjahr hier drin. Sie sagen, bis zu meiner planmäßigen Entlassung im Jahr 2041 muß ich zweimal lebenslänglich und sieben Jahre überstehen. Dann werde ich siebenundneunzig sein. Ich glaube nicht, daß ich das schaffe.

Mein Leben ist ein endloser Todeskampf. Ich fühle mich, als hätte ich im Gefängnis bereits hundertmal lebenslänglich gelebt. Vielleicht habe ich das auch. Aber um meines Volkes willen bin ich bereit, noch tausendmal lebenslänglich zu leben. Wenn meine Gefangenschaft nichts weiter bewirkt, als eine unwissende und gleichgültige Öffentlichkeit darüber zu unterrichten, welch furchtbare Verhältnisse die Indianer*

* A.d.Ü.: Leonard Peltier bezeichnet sich selbst als *Indian*. Er ist stolz, *Indianer* zu sein. Die Verwendung der Begriffe *Indianer, Native American* und *indigene Völker/Urbevölkerung* folgt dem Original.

und alle anderen Urvölker dieser Erde immer noch zu ertragen haben, dann hat mein Leiden einen Sinn gehabt und hat ihn noch. Der Kampf meines Volkes ums Überleben stählt mich in meinem eigenen Kampf ums Überleben. Wir müssen beide überleben.

Eines weiß ich. Mein Leben hat einen Sinn. Ich weigere mich zu glauben, daß dieses Dasein, unsere Zeit auf Mutter Erde, keinen Sinn hat. Ich glaube daran, daß der Schöpfer, Wakan Tanka, unser aller Leben aus einem bestimmten Grund geschaffen hat. Ich weiß nicht, was dieser Grund ist. Vielleicht werde ich es nie wissen. Aber man muß nicht den Sinn des Lebens kennen, um zu wissen, daß das Leben einen Sinn hat.

Ich gestehe, als Wortführer unvollkommen zu sein. Ich gestehe, als menschliches Wesen viele Fehler zu haben. Aber die Ältesten lehrten mich, daß es meine erste Pflicht ist, meine Stimme zu erheben und die Dinge beim Namen zu nennen. Es ist die wichtigste Verpflichtung mir selbst und meinem Volk gegenüber. Es gehört zur indianischen Lebensweise, seine Gedanken und Gefühle frei auszusprechen.

Dieses Buch ist keine Bittschrift oder Rechtfertigung, noch ist es eine Erklärung oder Entschuldigung für die Ereignisse, die 1975 über mein Leben und das Leben vieler anderer kamen und mich unwissentlich – und unwillentlich – zu einem Symbol, zum Mittelpunkt der Leiden meines Volkes machten. Alle Angehörigen meines Volkes leiden, ich bin in dieser Hinsicht in keiner Weise etwas Besonderes.

Du mußt verstehen ... Ich bin nicht außergewöhnlich. Ich bin geradezu schrecklich gewöhnlich. Das ist keine Bescheidenheit. Das ist eine Tatsache. Vielleicht bist auch du gewöhnlich. Wenn das so ist, verneige ich mich vor deiner Gewöhnlichkeit, vor deiner Menschlichkeit, vor deiner Spiritualität. Ich hoffe, du hast die gleiche Anerkennung für mich übrig. Diese Gewöhnlichkeit verbindet uns, dich und mich. Wir sind gewöhnlich. Wir sind menschlich. So hat der Schöpfer uns geschaffen. Unvollkommen. Fehlerhaft. Gewöhnlich.

Sei dankbar, daß dir nicht der Fluch der Vollkommenheit auferlegt wurde. Wärst du vollkommen, gäbe es nichts in deinem Leben zu erreichen. Erst der Unvollkommenheit entspringt jede Aktivität. Sie ist zugleich Fluch und Segen unseres menschlichen Daseins. Gerade unsere Unvollkommenheit ermöglicht ein geheiligtes Leben.

Wir müssen nicht vollkommen sein. Wir müssen nützlich sein.

Es ist mir klar, daß ich launisch sein kann. Das ist so ungefähr das einzige, was dir hier im Gefängnis bleibt, deine Launen. Sie fahren manchmal Karussell mit dir, wild, unkontrollierbar. Auf diesen Seiten wirst du viele solcher Launen finden, von drohender Verzweiflung bis zu beflügelnder Hoffnung, von erstickender innerer Wut bis zu ganz gewöhnlicher Angst und Selbstzweifeln. Sie übermannen mich, besonders an Tagen, an denen die permanenten Entbehrungen und Enttäuschungen des Gefängnislebens sich immer stärker in mir aufstauen.

Und doch fühle ich mich immer häufiger von allem losgelöst und selbst hinter diesen Mauern und dem Stacheldraht seltsam befreit. Ich schreibe dies dem Sonnentanz zu. Ein Mann, der den Sonnentanz getanzt hat, hat einen besonderen Pakt mit dem Schmerz geschlossen. Und er ist schwer zu brechen.

Der Sonnentanz macht mich stark. Der Sonnentanz findet in mir statt, nicht außerhalb von mir. Ich durchbohre das Fleisch meines Selbst. Ich übergebe dem Großen Geist, dem Großen Geheimnis, Wakan Tanka, meinen Leib. Seinen Leib dem Geist zu übergeben bedeutet, sein Leben zu geben. Und was du weggegeben hast, kannst du nicht mehr verlieren. Der Sonnentanz ist unsere Religion, unsere Kraft. Wir sind sehr stolz auf diese Kraft, die uns Schmerz, Folter und jede Prüfung erdulden läßt, ohne unser Volk zu verraten. Sie ist der Grund, warum wir in der Vergangenheit dem Schmerz widerstehen konnten, als Feinde uns mit Messern, Peitschen und sogar Feuer folterten. Wir besitzen diese Kraft noch immer.

Wenn du dein Fleisch im Sonnentanz darbietest, wenn du durchbohrt wirst, spürst du jede Einzelheit dieses Schmerzes wie tausend Nadelstiche. Nicht das geringste wird dir erspart. Und doch findet eine Trennung statt, eine Ablösung. Du wirst Teil eines höheren

Wesens, so daß du gleichzeitig den Schmerz spürst und dich selbst diesen Schmerz verspüren siehst. Und irgendwie geschieht es dann, daß der Schmerz greifbar wird und begrenzt ist. Während die geschmolzene, glühend heiße Sonne durch deine Augen in dein inneres Wesen fließt, während die in deiner Brust steckenden Spieße an deinem schreienden Fleisch ziehen und zerren und reißen, verbreitet sich langsam eine seltsame und machtvolle Klarheit in deinem Geist. Der Schmerz explodiert in einem hellen, weißen Licht, er wird die Erleuchtung. Es ist eine wortlose Vision davon, was es bedeutet, mit allem Sein und allen Wesen verbunden zu sein.

Und nachdem du einmal dein Fleisch dem Großen Geheimnis geopfert hast, wirst du für den Rest deines Lebens nie wieder diese größere Wahrheit vergessen, von der wir alle ein vertrauter und wesentlicher Teil sind und die uns alle liebevoll wie eine Mutter in den Armen hält. Von diesem Zeitpunkt an wird jede Nadel, die dich in den Finger sticht, nichts weiter als eine leise Erinnerung an diesen größeren Schmerz und die größere Wahrheit sein, die in uns allen besteht, ein unendliches Reich jenseits jeden Schmerzes. Dort kann selbst der bemitleidenswerteste Gefangene Trost finden.

So hat der Sonnentanz selbst das Gefängnisleben für mich erträglich gemacht.

Ich bin ungebrochen.

Mein Leben ist mein Sonnentanz.

Kapitel 3

Ich habe keine Entschuldigungen anzubieten, nur Bedauern. Ich kann mich nicht für etwas entschuldigen, das ich nicht getan habe. Aber ich kann trauern, und das tue ich. Jeden Tag, jede Stunde trauere ich um diejenigen, die 1975 im Kugelhagel von Oglala gestorben sind. Und ich bedauere ihre Familien – die Familien der FBI-Agenten Jack Coler und Ronald Williams und auch die Familie von Joe Killsright Stuntz, dessen Tod durch eine Kugel am gleichen Tag in Oglala nie untersucht wurde – wie der Tod hundert anderer Indianer in Pine Ridge in dieser furchtbaren Zeit. Es tut mir im Herzen weh, mich an die Leiden und die Angst zu erinnern, unter denen damals so viele Menschen leben mußten, eben jenes Leiden und jene Angst, die mich und andere an diesem Tag nach Oglala geführt hatten – um die Wehrlosen zu beschützen.

Auch der Verlust meiner eigenen Familie erfüllt mich mit brennendem Schmerz, denn in Wirklichkeit bin auch ich an jenem Tag gestorben. Ich bin für meine Familie gestorben, für meine Kinder, für meine Enkelkinder, für mich selbst. Ich habe meinen Tod jetzt über zwei Jahrzehnte lang gelebt.

Diejenigen, die mich hierhergebracht haben und von meiner Unschuld wissen, können sich an ihrem sicheren Lohn erfreuen. Ihr Lohn ist, wer und was sie sind. Das ist der grausamste Lohn, den man sich vorstellen kann.

Ich weiß, wer und was ich bin. Ich bin ein Indianer – ein Indianer, der den Mut besaß, sich zu erheben und sein Volk zu verteidigen. Ich bin ein unschuldiger Mann, der nie jemanden getötet hat oder dies geplant hätte. Und ich bin ein Sonnentänzer. Auch das ist meine Identität. Wenn ich dazu bestimmt bin, als Symbol meines Volkes zu leiden, dann leide ich stolz.

Nie werde ich nachgeben.

Wenn es für euch, die Angehörigen der Agenten, die an dem Tag auf dem Anwesen der Jumping Bulls gestorben sind, eine Art Trostpflaster ist, daß ich hier bin, so kann ich euch diese Genugtuung geben, wenngleich an meinen Händen kein Blut klebt. Ich empfinde euren Verlust, als wäre es mein eigener. Wie ihr, leide ich unter diesem Verlust, jeden Tag, jede Stunde. Und meine Familie ebenso. Wir kennen diesen unermeßlichen Schmerz. Wir Indianer werden mit unermeßlichem Schmerz geboren, wir leben und wir sterben damit. Wir haben diesen gemeinsamen Schmerz jetzt dreiundzwanzig Jahre lang geteilt, eure Familien und meine. Wie also könnten wir Feinde sein? Vielleicht kann dort die Heilung beginnen, bei *euch* und bei *uns*. Ihr, die Familien der Agenten, habt an jenem Tag im Jahre 1975 mit Sicherheit keinen Fehler begangen, ebensowenig wie meine Familie. Und doch haben diese Familien genausoviel oder mehr erlitten als irgend jemand, der dort war. Wie es scheint, zahlen immer die Unschuldigen den höchsten Preis für Ungerechtigkeit. Mein ganzes Leben lang schien es so.

Wenn ich darf, möchte ich den immer noch trauernden Familien Coler und Williams meine Gebete senden. Ich hoffe, ich darf. Es sind Gebete eines ganzen Volkes, nicht nur meine. Wir haben selbst viele Tote, für die wir beten, und wir möchten unsere Trauer mit der euren vereinen. Laßt den gemeinsamen Schmerz unsere Verbindung sein. Laßt diese Gebete das lindernde Trostpflaster sein, nicht die fortwährende Gefangenschaft eines unschuldigen Mannes. Ich versichere euch hoch und heilig: wäre es mir irgend möglich gewesen zu verhindern, was an diesem Tag geschah, so wären eure Männer nicht gestorben. Lieber wäre ich selbst gestorben, als bewußt zuzulassen, daß geschieht, was geschehen ist. Und ganz sicher habe ich nicht die Tatwaffe abgefeuert. Der Schöpfer soll mich auf der Stelle tot umfallen lassen, wenn ich lüge. Ich kann mir nicht vorstellen, wie es euch euren Verlust ersetzen soll, daß ich hier bin, meinen Enkelkindern entrissen. Ich schwöre, daß meine einzige Schuld darin besteht, Indianer zu sein. Darum bin ich hier.

Ich bin ich selbst, und ihr seid ihr selbst – das ist die Ursünde.

Die Ursünde

Wir beginnen alle in Unschuld.
Wir machen uns alle schuldig.
Du trägst die Schuld, du selbst zu sein in diesem
Leben.
Du selbst zu sein, das ist die Ursünde,
die schlimmste Sünde von allen.
Die Sünde, die dir nie vergeben wird.

Wir Indianer tragen alle Schuld,
die Schuld, wir selbst zu sein.
Man lehrt uns diese Schuld vom Tag unserer
Geburt an.
Wir lernen schnell.

Jedem meiner Brüder, jeder meiner Schwestern
will ich sagen,
seid stolz auf diese Schuld.
Du bist nur schuldig, unschuldig zu sein,
du selbst zu sein,
Indianer zu sein,
Mensch zu sein.

Deine Schuld heiligt dich.

Kapitel 4

Der Tod von Angehörigen ist schwerer zu ertragen als der eigene. Der eigene Tod ist dagegen leicht. Als ich 1989 nicht zur Beerdigung meines Vaters durfte, schmerzte mich das mehr als jeder körperliche Schmerz. Dieser Schmerz wird nicht verheilen, er ist eine Wunde, die auf ewig offen bleibt. Er mußte vierzehn Jahre lang mitansehen, wie sein Sohn unschuldig im Gefängnis saß, und es brach ihm das Herz. Er hatte im Zweiten Weltkrieg gedient und bekam für seinen Einsatz die Beine zerschossen. Sein Bruder, mein Onkel Ernie, fiel im Kampf. Man hätte meinen sollen, daß die Regierung, für deren Verteidigung er sein Leben riskiert hatte, seinem Sohn wenigstens erlauben würde, bei seiner Beerdigung anwesend zu sein, aber keine Chance. Die Rache sitzt tief.

Auch so viele andere, die mir nahestanden oder mich unterstützten, sind in den letzten Jahren gestorben: Hazel Little Hawk, meine spirituelle Mutter, die über so viele Jahre hinweg für so viele Menschen eine Freundin war; Onkel Louie Irwin, ein Krieger mit einem Herz so stark wie ein Bär, er hat mir jeden Tag von neuem Mut gemacht und mir als Freund, Ratgeber und Verfechter meiner Sache geholfen, in diesem Alptraum von einem Ort zu überleben; mein selbstloser Rechtsberater und Freund Lew Gurwitz; und all die vielen anderen.

Ich denke an all jene, die auf dem gleichen Roten Weg, den ich gegangen bin, gewaltsam zu Tode gekommen sind: Joe Killsright Stuntz, der durch die Kugel eines unbekannten Angreifers in Oglala ums Leben kam; Dallas Thundershield, der bei unserem versuchten Ausbruch aus Lompoc, auf den ich später noch eingehen werde, niedergeschossen wurde; und Bobby Garcia, unser Fluchtkumpan, der ein paar Jahre später unerklärlicherweise tot in seiner Zelle aufgefunden wurde. Ich erinnere mich an Anna Mae Aquash, meine wunderbare Micmac-Schwester beim AIM – sie hätte bei meiner Verhandlung in Fargo für die Verteidigung aussagen sollen. Sie wurde in South Dakota ermordet, weil sie unschuldig und indianischer Abstammung war. Ein rachsüchtiges FBI schnitt ihr die Hände ab und schickte diese zwecks Identifizierung nach Washington, obwohl die Beamten sehr wohl wußten, wer sie war. Es war eine absichtliche und berechnete Totenschändung, ein Affront gegen unseren tiefsten und innersten Glauben, der uns einschüchtern und bis ins Mark treffen sollte.

Als die Leute des FBI einer anderen bemitleidenswerten indianischen Frau, Myrtle Poor Bear, androhten, ihr und ihrem Kind das gleiche anzutun, wenn sie nicht falsch gegen mich aussagte, machte sie diese Falschaussage. Später widerrief sie die Geschichte, die die Ankläger für sie erfunden hatten, aber da war es schon zu spät. Was *sie* getan hat, kann ich verstehen und vielleicht sogar vergeben. Aber jene, die für ein paar amerikanische Silberlinge oder aus welchen fehlgeleiteten Motiven auch immer solch ein Übel über die arme Frau gebracht haben – und über mich und über uns *alle,* eingeschlossen das amerikanische Volk selbst ... Ich frage mich häufig, von welch unruhigen Träumen diese Leute wohl des Nachts heimgesucht werden, wenn sie tatsächlich an ihren christlichen Gott und das ewige Schmoren in der Hölle glauben, das mit Sicherheit auf sie wartet.

Aber nein ... da hege ich ja schon selbst so gehässige und rachsüchtige Gedanken, wünsche anderen genauso Unheil an den Hals, wie sie es bei mir getan haben. Darauf muß ich achtgeben. Ich muß dieser Schlange jedesmal auf den Kopf treten, wenn sie sich regt. Es gibt immer jemanden, den man hassen kann. Die Liste derer, die sich unseren Haß verdient und darauf gespuckt haben, ist endlos. Sollen wir unsere Verbrechen gegeneinander auflisten? Müssen wir uns auf immer und ewig hassen?

Ich weiß, daß ich mich oft gegen Indianer ausgesprochen habe, die, wie es uns schien, auf der Seite der Unterdrücker standen, die gegen ihre eigenen Leute waren. Aber ich weiß, daß dies die Sache zu sehr vereinfacht. Indianern wird es nie leicht gemacht. Ich habe jetzt gesehen, daß der US-Geheimdienst – und kein geringerer – in einer indianischen Zeitung mit Stellenangeboten inseriert. Man stelle sich das mal vor! Ich weiß auch, daß es im FBI gutherzige Native Americans gibt, die ebenso treue, ergebene, loyale und gute Amerikaner sind, wie sie gute Indianer sind. Sie haben ihre Wahl getroffen, und auch wenn ich anders wählen würde, respektiere ich doch ihre Entscheidung. Ich weiß, welcher Druck auf ihren Herzen lastet. Es ist gut, daß ihr dort seid, meine Brüder und Schwestern ... damit sie uns so sehen können, wie wir sind: menschliche Wesen, gewöhnliche – und außergewöhnliche – menschliche Wesen. So wie Gott uns geschaffen hat ... genau wie alle anderen menschlichen Wesen auf dieser Erde.

Ja, sogar wir Gefangenen sind Menschen.

Ich schätze, daß jeder behauptet, er sei unschuldig, ob es wahr ist oder nicht. Aber ich sage, selbst die Schuldigen sind Menschen. Und was die Unschuldigen angeht, die als schuldig gebrandmarkt wurden, ihre Qual ist eine besondere, die jede Vorstellung übersteigt.

Auf seine Weise findet Wakan Tanka, Tunkashila, das Große Geheimnis, einen Sinn hierin.

Hat die Existenz der Sterne einen Sinn? Dann hat auch mein Leben einen Sinn.

Ohne Zweifel wird mein Name bald auf unserer Liste der indianischen Toten stehen. Wenigstens werde ich mich in guter Gesellschaft befinden – denn bessere, anständigere, tapferere, weisere und ehrenwertere Männer und Frauen sind auf dieser Erde nicht gewandelt, als jene, die dafür gestorben sind, daß sie Indianer waren.

Unsere Toten rücken an, ein langer, langer, stetig wachsender und nie endender Zug von Toten. All ihre Namen aufzuzählen wäre unmöglich, denn die große Mehrheit ist namenlos und unbeachtet gestorben. Ja, selbst unsere Toten hat man uns genommen, unserer Erinnerung entrissen, genau wie die Knochen unserer verehrten Ahnen entehrt worden sind, indem man sie aus den Gräbern ausgegraben und in Museen transportiert hat, um sie dort in Schachteln zu verwahren, zu katalogisieren und in Aktenschränken zu verstekken, und ihnen den letzten Wunsch und das Recht eines jeden menschlichen Wesens verwehrt hat: ein anständiges Begräbnis in Mutter Erde und angemessene Gedenkzeremonien, die den Weg in die nächste Welt erleuchten.

Ja, die Namensliste unserer indianischen Toten muß laut verlesen, von jedem Berggipfel herabgerufen werden. Wir müssen damit die schreckliche Stille zerschlagen, die versucht, die Tatsache auszulöschen, daß wir je existiert haben.

Ich wünschte, man würde eine Redstone-Wall errichten, wie das Blackstone-Wall-Denkmal für die Opfer des Vietnamkrieges, das ich nur von Fotos kenne. Ja, mitten auf der Mall in Washington D.C. Und auf dieser Mauer – geschrieben mit dem lebendigen Blut unseres Volkes (und ich wäre der erste, der gern sein

Blut dafür hergeben würde) – müßten die Namen aller Indianer stehen, die dafür gestorben sind, Indianer zu sein. Die Liste wäre hundertmal länger als die des Vietnam-Denkmals, das fast sechzigtausend tapferen, verlorenen Seelen gedenkt. Die Zahl unserer tapferen, verlorenen Seelen geht in die Millionen, und jede einzelne von ihnen findet bis heute keine Ruhe. Oder man könnte ein Museum zum Gedenken des Holocaust an den Native Americans einrichten, um damit den Stimmen der Ermordeten Gehör zu verschaffen.

Ja, die Stimmen von Sitting Bull und Crazy Horse, von Buddy Lamont und Frank Clearwater, von Joe Stuntz und Dallas Thundershield, von Wesley Bad Heart Bull und Raymond Yellow Thunder, von Bobby Garcia und Anna Mae Aquash … ihre Stimmen und die Stimmen so vieler, vieler anderer. Ihre zum Schweigen gebrachten Stimmen rufen uns und verlangen danach, gehört zu werden.

Mein Leben ist ein Gebet für mein Volk.

Kapitel 5

Ich bin nicht schlechter behandelt worden als viele andere Gefangene, besser als einige. Zumindest bin ich noch am Leben. Vor kurzem haben sie aus unerklärlichen Gründen mein Handtuch konfisziert, das ich seit Jahren bei der Zeremonie in unserer heiligen Schwitzhütte benutzt habe. Sie sagen, sie haben es weggeworfen. Das hat mehr wehgetan als die körperlichen Entbehrungen und die Phasen in Einzelhaft.

Mit den Prügelstrafen haben sie jetzt mehr oder weniger aufgehört – hoffe ich. Ich bin in der Vergangenheit für das schwere Verbrechen geschlagen worden, ein halbes Sandwich an einen anderen Häftling weitergegeben zu haben. Ich hätte es auch selbst gegessen, aber mein Unterkiefer war zu geschwollen. Also habe ich es lieber einem anderen Hungrigen gegeben, als zuzusehen, wie es weggeworfen wird. Das brachte mir zwei gebrochene Rippen, noch stärkere Kieferschmerzen und noch schlimmere Kopfschmerzen als sonst ein, weil ich mit dem Kopf gegen die Kante eines Türrahmens geschlagen war.

Ich habe fast die ganze Zeit über furchtbare Kopfschmerzen. Infolge einer Netzhautblutung vor

Jahren habe ich auf dem linken Auge achtzig Prozent meiner Sehkraft verloren. Außerdem wurde mir gesagt, daß man bei mir Hepatitis B festgestellt hat. Trotz meiner chronisch schlechten Verfassung hat man mich gezwungen, in der Schreinerei des Gefängnisses zu arbeiten.

Mein Mund ist eine reine Horrorshow. Ich habe als Kind eine Kiefersperre gehabt, und Gebiß und Zahnfleisch sind seitdem nie richtig in Ordnung gewesen. Ich hatte außerdem einen Kieferbruch, der nie richtig verheilt ist. Mein Kiefer ist geschwollen und verursacht mir permanente Schmerzen. Ich habe mittlerweile drei erfolglose Kieferoperationen im Gefängniskrankenhaus hinter mir.

Die Ärzte der Bundeskrankenanstalt für Häftlinge in Springfield, Missouri, wo ich behandelt wurde, konnten sich nicht auf die Behandlung meines Kiefers einigen. Der eine wollte die Schläuche zur Ableitung der Sekrete nach draußen verlegen, der andere nach drinnen. Jeder sagte, der andere wisse nicht, wovon er rede.

Bei einer der Operationen setzten sie mir künstliche Kiefergelenke aus Plastik ein. Dann lockerte sich eines der Gelenke und fiel heraus, so daß wochenlang Drähte aus meinem Kiefer hervorstachen und mir Zunge, Zahnfleisch und Wangen völlig zerschnitten.

Obwohl meine Kiefersperre danach nicht besser war – und es bis heute nicht ist – und mein Mund so weit geschlossen bleibt, daß ich nur einen schmalen

Spalt zwischen den Zähnen habe, durch den ich weiche, zermuste Nahrung schieben kann, wird mir Spezialnahrung verweigert. »Iß doch Apfelmus. Das ist gesund«, bekam ich von einem höhnisch grinsenden Wärter zu hören. Während all meiner Aufenthalte in Springfield lag ich nicht direkt im Krankenhaus, sondern in einer Isolierzelle, in der es vor Ameisen, Läusen und Kakerlaken nur so wimmelte. Bei der letzten Operation verlor ich so viel Blut, daß wiederholte Transfusionen nötig waren. Ich war schon hinübergewandert, das kann ich dir sagen; ich war ganz sicher, daß ich gestorben war, und war froh, es endlich hinter mir zu haben. Ich freute mich darauf, alle Freunde und Verwandten zu treffen, die schon vor mir in die Himmelswelt eingetreten waren – und plötzlich befand ich mich wieder in meiner drekkigen Zelle in Springfield. Aus irgendeinem Grund habe ich auch über lange Zeit hinweg Bestrahlungen bekommen, obwohl Ärzte von draußen mir gesagt haben, daß Bestrahlungen in meinem Fall gar keinen Sinn haben.

Ich habe weitere Operationen durch Gefängnischirurgen verweigert und einen Antrag auf sofortige Behandlung durch einen unabhängigen Spezialisten gestellt. Dieser Antrag ist mir bis jetzt nicht genehmigt worden. Einige meiner Anhänger hatten die Befürchtung, rachsüchtige Behörden würden mich absichtlich verbluten lassen. Das glaube ich nicht. Der Tod wäre ein Segen im Vergleich zu dieser Tortur gewesen, und einen Segen wollen sie mir auf keinen Fall zukommen lassen.

Wenn der rasende Schmerz in meinem Kiefer überhand nimmt, schließe ich die Augen und denke an den Sonnentanz. Das hilft. Mein Körper mag hier eingesperrt sein, aber mein Geist fliegt mit dem Adler.

Das Herz der Welt

Da stehe ich nun,
gekettet an meinen Schatten
seit über zwanzig Jahren,
und doch
langte meine Hand
durch Stahl und Stein und Stacheldraht
und berührte das Herz der Welt.
Mitakuye Oyasin, *sagen meine Lakota-Brüder.*
Wir alle sind verwandt.
Wir sind eins.

In der schattigen Nacht

Manchmal,
in der schattigen Nacht,
werde ich zum Geist.
Die Wände, die Gitter, die Stäbe lösen sich auf
in Licht,
und ich befreie meine Seele
und fliege durch das Dunkel im Innern meines
Selbst.
Es scheint durch mich hindurch,
ich bin ein heller Schatten,
ein Vogel aus Träumen, der herab vom Baum
des Lebens singt.

Kapitel 6

Nie gewöhnt man sich an das Gefängnisleben. Ich höre Stimmen im Schlaf, Stimmen von Menschen, die teils schon vor langem gestorben sind, wie mein Vater. Diese Stimmen sind eine Folter. Sich jeden Tag, jede Stunde zu fragen, ob man jemals frei sein wird, ist auch eine besondere Form von Folter. Sie verlangt einen Tribut von deinem Herz und deiner Seele, täglich, stündlich und ganz besonders, wenn du deinem Enkel erklären mußt, warum sie dich nicht nach draußen lassen, um bei seinem Fußballspiel dabei zu sein. Es frißt dich innerlich auf, seine kindliche Stimme sagen zu hören: »Opa, warum machst du deine Strafe nicht einfach fertig?« Er dachte, meine Strafe bestünde darin, eine Strafarbeit zu erledigen, wie bei ihm in der Schule, wenn man Kolonnen von Wörtern abschreiben muß. Er konnte nicht verstehen, daß meine Strafarbeit doppelt so lang wie mein Leben dauern wird.

Wenn ich meine Enkelkinder bei ihren gelegentlichen Besuchen hier drinnen im Arm halte, den Duft ihres Haars rieche und die Wärme ihrer kleinen Hände in den meinen spüre, bin ich für einen kurzen Moment in einer anderen Welt. Doch das unausweichliche Knallen der Metalltüren, die bei ihrem Abschied hinter ihnen ins Schloß fallen, holt mich augenblicklich in dieses Haus aus Stahl mit Namen Leavenworth zurück. Die kalten Wände der Korridore werfen den metallischen Knall zurück, und er hallt in meiner Seele wider.

Ganz ehrlich: ich wünschte, ich wäre an jenem Tag im Jahre 1975 nicht im Camp bei den Jumping Bulls gewesen. Allerdings habe ich nie bedauert, einer von denen gewesen zu sein, die sich aufgelehnt und geholfen haben, ihr Volk zu beschützen. Ich habe beinahe ein Vierteljahrhundert meines Lebens, meiner Freiheit für dieses Auflehnen geopfert. Ich gebe zu, daß ich es müde bin. Jahrelang habe ich verborgen, wie ich leide. Ich lächle, wenn ich weinen möchte. Ich lache, wenn ich sterben möchte. Ich muß auf Bilder meiner Kinder und Enkelkinder starren, um sie aufwachsen zu sehen. Ich vermisse die einfachsten Dinge des täglichen Lebens – mit Freunden zu Abend essen, im Wald spazieren gehen. Ich vermisse die Gartenarbeit. Ich vermisse das Lachen der Kinder. Ich vermisse das Bellen der Hunde. Ich vermisse es, Regen auf meinem Gesicht zu spüren. Ich vermisse Babys. Ich vermisse den Klang von singenden Vögeln und lachenden Frauen. Ich vermisse Winter und Sommer und Frühling und Herbst. Ja, ich vermisse meine Freiheit. Das würdest du auch.

Einer unserer großen weisen Lakota-Ältesten, der selige Mathew King, hat gesagt: »Es gibt nur eins, das trauriger ist, als sich daran zu erinnern, daß man einmal frei war, und das ist zu *vergessen,* daß man einmal frei war. Das wäre die traurigste Sache der Welt.«

Das ist etwas, das ich, Leonard Peltier, nie tun werde.

Nie werde ich den Geruch der Freiheit vergessen.

Und nie werde ich den Anblick der auf- oder untergehenden Sonne vergessen. Eines Tages hoffe ich das wiederzusehen.

Eines Morgens wachst du auf und stellst fest, daß du etwas bekommen hast, das du nicht haben wolltest ... zweimal lebenslänglich plus sieben Jahre. Diese graugrünen Stahlgitter, diese kalten Betonwände, diese endlosen Stacheldrahtspiralen, diese Stahltüren, die von nirgendwo nach nirgendwo führen, diese düsteren und unmenschlichen Korridore sind nun deine Welt. Dies ist nun dein Platz, sagen sie dir, bis zum Jahr 2041. Nicht einmal lebenslänglich, sondern zweimal. Hintereinander. Plus sieben Jahre, natürlich – weil ich 1978 versucht habe auszubrechen, um nicht ermordet zu werden, aber darauf komme ich später noch zu sprechen.

Ich sage mir: sei froh, daß du nicht *dreimal* lebenslänglich bekommen hast, Leonard. Immerhin hättest du anstatt zwei Menschen *nicht* umzubringen auch drei Menschen *nicht* umbringen können! Dann hätten sie dir aber richtig den Kopf gewaschen! Genau,

Leonard, zweimal lebenslänglich plus sieben Jahre ist doch noch sehr, sehr mild für das schwere Verbrechen, unschuldig zu sein.

Es läßt sich nicht sagen, wie lange ich tatsächlich noch hier sein werde. Irgendwann habe ich in Tagen gezählt, dann in Wochen, in Monaten, in Jahren. Jetzt zähle ich in Dekaden. Zwei Dekaden habe ich schon hinter mir. Muß ich noch zwei hier bleiben? Drei? Vier? Es scheint, die Rechnerei wird einfacher, je härter die Zeit wird.

Hier drinnen können dir verrückte Gedanken kommen. Zum Beispiel ... Wenn ich sterbe, werden sie dann meinen Körper in diese Zelle zurückbringen, damit ich meine zweite lebenslange Haftstrafe und diese sieben Jahre absitzen kann? Vielleicht hat man mich schon zurückgebracht, und ich habe es nur vergessen? Vielleicht bin ich bereits eine Leiche? Ein atmender Leichnam? Aber nein, nein. Ein Leichnam könnte sich nicht so über sich lustig machen. Irgendwie muß irgendwo irgendwas Lustiges an dieser ganzen Sache sein. Etwas verdammt Lustiges. Es muß ein wilder, universaler Streich sein, der mir da gespielt wird, ein echter Schenkelklopfer in einem dämonischen Himmel oder einer dämonischen Hölle.

Vor einer Weile erklang ein schauerliches Schreien von jemand im widerhallenden Halbdunkel des Korridors. *»Verwischt die Knospen!«*, schrie er wie im Wahn und wiederholte diese bedeutungslosen Worte wieder und wieder mit geisterhafter, leise zischender und hohl klingender Stimme. *»Verwischt die Knospen! Verwischt die Knospen!«* Das war alles, was ich verstehen konnte. In fünfzehn Minuten muß er es zwölfmal mit dieser leise zischenden, hohl klingenden Stimme gerufen haben. Andere Stimmen nahmen es auf, und für eine Weile erklang ein improvisierter Geisterchor mit *»Verwischt die Knospen!«*, der in diesen unheiligen Korridoren widerhallte.

Ich habe nie erfahren, was die Worte bedeuteten. Ich habe nie erfahren, wer gerufen hat. Vielleicht habe ich es geträumt. Vielleicht war ich selbst es, der in die wahnsinnige Dunkelheit meiner Fantasie hineinrief.

Zeit absitzen zu müssen tut dir solche Dinge an. Aber natürlich sitzt du keine Zeit ab. Du bist aus der Zeitrechnung ausgestiegen. Oder besser gesagt, die Zeit hat dich abgeworfen. Die Zeit ist ein Monster. Sie verzehrt das Fleisch deiner Jahre, Tag für Tag, Biß für Biß. Und während sie den letzten Happen auffrißt und deine Lebenssäfte von ihrem Kinn triefen, lächelt sie boshaft, rülpst befriedigt und zischt in geisterhaftem Klang: *»Verwischt die Knospen!«*

Das Messer meines Herzens

Ich habe keine Gegenwart.
Ich habe nur Vergangenheit
und, vielleicht, die Zukunft.
Die Gegenwart hat man mir genommen.

Man hat mich im leeren Raum gelassen,
an seinem Dunkel schnitze ich mit dem Messer
meines Herzens.
Ich muß mich selbst von neuem schnitzen
aus dem Nichts des Stacheldrahts.

Ich werde den Rausch von neuem erfahren
und den Schmerz
von Freiheit.
Ich werde von neuem gewöhnlich sein.
Gewöhnlich,
dieser angsteinflößende Zustand,
alles ist dort Möglichkeit,
Gegenwart besteht, du mußt ihr begegnen.

Kapitel 7

Auf der Fensterbank, hinter den Gittern, sitzt auf rosa Füßen eine Taube mit aufgeplusterter Brust und putzt sich das Gefieder. Etwas Farbe ist vom übermalten Fenster abgeblättert. Meine Stirn fest ans kalte Glas gedrückt, luge ich zu ihr hinüber, wie sie da sitzt, Lichtjahre entfernt. Sie sieht nicht, daß ich sie anstarre. Ihre Federn schillern leicht. Ich strecke die Hand meines Herzens nach ihr aus und berühre sie durch Gitter und dickes Sicherheitsglas hindurch. Die Berührung eines Geistes. Sie scheint es nicht zu bemerken. Sie pickt mit ihrem kleinen scharfen Schnabel an den schillernden Brustfedern und achtet nicht auf mich.

Ich staune über dieses kleine Wunder, das da sitzt, so nah und doch so fern, frei wie der Wind. Der ganze Himmel steht ihr offen, und doch hat sie aus all dem unendlichen Raum diese trostlose Gefängnisfensterbank gewählt, um dort an diesem Wintermorgen zu rasten und mich mit ihrer plötzlichen, unerwarteten Gegenwart, mit ihrer unfaßbaren Wirklichkeit zu beglücken.

Dieser Knastvogel, diese Taube, ist für mich ein ebenso heiliger Bote wie der Adler. Sie erzählt mir von der Himmelswelt jenseits von Stein und Stahl und Stacheldraht. Einmal, als wir aus der Gefängnisschwitzhütte kamen, sahen wir auf und erblickten zwei Adler, die hoch über uns kreisten. Sie kamen, uns zu segnen, gesandt vom Himmelsvater.

Also kennen mich Adler und Taube, heilige Boten beide. Der Himmelsvater hat mich nicht vergessen. Er verleiht seinen Kindern Flügel und schickt sie mir zum Trost.

Und ich verleihe einem Dankesgebet Flügel und schicke es gen Himmel.

Selbst Gefängnisgitter können ein Gebet nicht stoppen.

Kapitel 8

Viele Nächte lag ich hier auf meiner Pritsche und ließ meinen Gedanken und meinen Träumen freien Lauf, ließ sie eine Zukunft heraufbeschwören, die ich vielleicht nie erlebe. Natürlich bete ich, daß meine lange Reise nicht hinter Gittern endet. Ich weiß, daß sie es nicht wird. Meine Cree-Brüder in Kanada sagen, sie halten ein Stück Land für mich frei, auf dem ich eine kleine Herde heiliger Büffel züchten kann. Davon träume ich oft. Aber dann sage ich mir: Leonard, das wäre egoistisch, wegzugehen, ein angenehmes Leben zu leben und den Kampf zu vergessen. Sicher, ich werde einiges Leben nachzuholen haben, wenn ich hier herauskomme, aber mein Leben wird immer noch meinem Volk gehören.

Wenn ich endlich wieder ein freier Mann bin, beginnt erst die richtige Arbeit. Unsere wichtigste Arbeit ist vor allem anderen unser Überleben als Volk. Das bedeutet, daß wir unaufhörlich dafür arbeiten müssen, daß die Verträge geachtet werden, gegen welche Barrieren auch immer. Das dürfen wir nie aus den Augen verlieren. Ich befürchte, daß die indianischen Völker den Rest Kultur, der ihnen noch geblieben ist, verlieren, daß wir unser Land als Grundlage verlieren, daß es den Leuten, die dies planen, gelingt, uns von unserem Gebiet in die Nichtexistenz zu treiben. Unsere Wachsamkeit und absolute Entschlossenheit in dieser Hinsicht dürfen nie nachlassen. Nein, niemals.

Mitten in diesem großen Kampf müssen wir aber auch den einzelnen Leuten helfen, jedem von uns. Es gibt keinen unter uns, der nicht jemandem die Hand reichen könnte, genauso wie es niemanden unter uns gibt, der keine helfende Hand brauchen könnte. Wir müssen uns gegenseitig die Hände reichen.

Die Gefangenschaft hat mich nicht davon abgehalten, Menschen zu helfen. Ich organisiere das ganze Jahr über Kleider-, Essens- und Spielzeugsammlungen. Ich unterstütze Zufluchtsorte für Frauen sowie Ausbildungs- und Wohlfahrtsprogramme. Ich habe ein Stipendium für indianische Jurastudenten an der New York University eingerichtet und bei der Gründung einer Zeitung von und für indianische Kinder geholfen. Ich bin Pate von zwei kleinen Jungen in Guatemala und El Salvador. Ich habe Maßnahmen vorgeschlagen, die das Krankenversicherungssystem im Rosebud-Reservat verbessern sollen, und habe seit kurzem auch mit der Planung einer Wirtschaftsreform für das Pine Ridge-Reservat zu tun. Erst kürzlich habe ich zusammen mit Food Not Bombs (Brot statt Bomben) die finanzielle Unterstützung für eine Warenlieferung von Reis, Bohnen, Zucker und anderen Grundnahrungsmitteln nach Chiapas in Mexiko organisiert, wo unsere Brüder und Schwestern um ihre Existenz als indianisches Volk kämpfen. Ich arbeite eng mit der Leonard Peltier Charitable Foundation zusammen, die armen indianischen Kindern hilft. Dennoch, mein Handlungsspielraum vom Gefängnis aus ist begrenzt.

Mein Traum ist es, das Volk wiederzuvereinen und Gemeindezentren zu bauen, in denen Nachmittagsveranstaltungen für Schüler stattfinden und Beratungsstellen eingerichtet werden. Ich möchte mit Spezialisten aus der ganzen Welt zusammenarbeiten, um bei der Behandlung und Prävention von Alkoholismus zu helfen. Ich möchte dabei helfen, Arbeits- und Ausbildungsplätze zu schaffen. Es ist so entmutigend, wieder und wieder von Selbstmord bei Jugendlichen, von Drogenmißbrauch, Arbeitslosigkeit und der scheinbar ewig andauernden Armut unter meinem Volk zu hören. Ich frage mich, wozu mein Opfer gut war?

Und ich weiß, wenn ich dieses Opfer erbracht habe, wird ein neues beginnen. Es gibt immer einen neuen Sonnentanz.

Ich bin jedermann

Ich bin jedermann,
der je gestorben ist,
ohne Stimme
oder Gebet
oder Hoffnung
oder eine Chance ...
jedermann, der je gelitten hat,
weil er Indianer war,
weil er Mensch war,
weil er zur Urbevölkerung gehörte,
weil er frei war,
weil er anders war,
weil er engagiert war ...

Ich bin jeder von ihnen.
Jeder einzelne.
Ja.
Auch du.

Ich bin jedermann.

Teil II
Wer ich bin

Ich bin ein Indianer.

Mein einziger Wunsch ist es,

wie einer zu leben.

Kapitel 9

Mein Leben ist das Leben eines Indianers. Ich bin ein kleiner Teil einer viel größeren Geschichte. Sollte ich je die Jahre in Freiheit haben, die ich bräuchte, um noch ein Buch zu schreiben, werde ich darin nur eine Nebenrolle spielen. Die persönlichen Merkmale meines Lebens sind unwichtig. Ich bin Indianer, das ist wichtig. Meine Autobiografie ist die Geschichte meines Volkes, der indianischen Menschen auf diesem Great Turtle Island. Mein Leben hat nur in Verbindung mit ihnen einen Sinn. Für sich selbst genommen ist es unwichtig. Nur, wenn ich mich mit meinem Volk identifiziere, bin ich nicht mehr reiner Statist oder eine bedeutungslose Nummer, sondern werde Mensch.

Die Indianer Nordamerikas teilen eine großartige Geschichte – sie ist voll von erstaunlicher Mannigfaltigkeit, von Rechtschaffenheit, Spiritualität, einer fortbestehenden einzigartigen Kultur und lebendigen Traditionen. Sie ist auch, wie ich leider sagen muß, voll von Tragödien, Verrat und Völkermord. In einem der größten Raubzüge der Geschichte wurden wir – zusammen mit unserem geheiligten Land – unserer Souveränität, unseres Status als Nation, ja, unserer Identität beraubt. Und ich beziehe mich nicht nur auf die Raubzüge der vergangenen Jahrhunderte, sondern auch auf die großen Raubzüge, die noch heute gegen uns geführt werden, just in diesem Moment. Unsere Menschenrechte als indigene Völker werden jeden einzelnen Tag unseres Lebens verletzt – und zwar von den gleichen Menschen, die laut und scheinheilig anderen Nationen die moralische Notwendigkeit solcher Rechte verkünden.

Im Laufe der Jahrhunderte haben die Regierungen und die Bevölkerung der Vereinigten Staaten und Kanadas uns wiederholt und in immer gleichbleibender Weise unser geheiligtes Land gestohlen. Bei dem Versuch, uns unter den Teppich der Geschichte zu kehren, drängten sie uns erbarmungslos in abgeschiedene und, wie sie glaubten, auf wertlosem Ödland gelegene Reservate. Dieses vermeintliche Ödland hat aber heute, da der unersättliche technische Fortschritt der weißen Gesellschaft beharrlich mit seiner Vergewaltigung von Mutter Erde fortfährt, überraschenderweise enorm an Wert gewonnen. Nun würde die weiße Gesellschaft uns gern ganz als Volk auslöschen und uns aus unseren Reservaten drängen, damit sie die uns verbliebenen Mineral- und Ölvorkommen stehlen kann. Es ist für Weiße nichts Neues, von nichtweißen Völkern zu stehlen. Wenn die Unterdrücker ihre illegalen Raubzüge und Plünderungen erfolgreich durchführen, nennt man es Kolonialisieren. Wenn sie bei ihren Versuchen, die indigenen Völker zu kolonialisieren, auf

Widerstand oder irgend etwas anderes als bedingungslose Kapitulation stoßen, so nennt man es Krieg. Wenn die kolonialisierten Völker versuchen, sich der Unterdrückung zu widersetzen und sich zu verteidigen, so nennt man uns Kriminelle.

Ich schreibe dieses Buch, um für ein besseres Verständnis dafür zu sorgen, was es bedeutet, Indianer zu sein, und wer wir als menschliche Wesen sind. Wir sind keine drolligen Kuriositäten oder stereotypen Charaktere aus Filmen, sondern gewöhnliche – und manchmal auch außergewöhnliche – Menschen. Genau wie du. Wir fühlen. Wir bluten. Wir werden geboren. Wir sterben. Wir sind keine ausgestopften Puppen vor einem Souvenirladen. Wir sind keine Maskottchen für Sportmannschaften wie die Redskins oder die Indians oder die Braves oder tausend andere, die unser Aussehen benutzen, entstellen und lächerlich machen. Stell dir mal vor, sie würden ihre Mannschaften die Washington Whiteskins oder die Washington Blackskins nennen! Was würde das für einen Protest hervorrufen! Nachdem uns alles andere schon genommen worden ist, fordern wir, daß uns unsere Namen, unsere Selbstachtung und unser Zugehörigkeitsgefühl zur großen Menschenfamilie, von der wir alle Teil sind, gelassen wird.

Unsere Stimme, unsere kollektive Stimme, unser Schrei des Adlers, fängt gerade an, Gehör zu finden. Wir rufen die gesamte Menschheit an. Hört uns!

Kapitel 10

Ich sehe häufig, wie Indianer gegen Indianer kämpfen, übereinander herziehen oder Schlimmeres. Meine weißen Freunde fragen mich: »Warum könnt ihr Indianer euch nicht zusammentun und gemeinschaftlich handeln?«

Warum? Sind weiße Menschen sich in allen Fragen einig? Warum sollten *wir*? Sollen wir Indianer einer Art Diktatur unterliegen, um alle die gleiche Linie zu verfolgen? Das ist genau das, was wir zu vermeiden suchen. Wir können nicht unsere Freiheit aufgeben, um unsere Freiheit zu behalten! Wir können unser Überleben nur sichern, indem wir als freie Männer und freie Frauen handeln – denn das sind wir. Zumindest frei in unserem Geist, unseren Herzen und unseren Träumen, selbst wenn unsere Körper in Fesseln gelegt und weggesperrt werden.

Wir sagen jeder, was wir auf dem Herzen haben; das ist unsere Pflicht gegenüber unserem Volk. Darum ist jeder von uns ein Anführer. *Das* ist die indianische Lebensweise. Das ist wahre Demokratie, nicht eine Diktatur der Oberschicht und der Mächtigen, die sich wählen lassen und dann hinter dem Rücken ihres

Volkes geheime Abkommen zu ihren Gunsten treffen. Diese Leute haben keine Ideale außer ihren eigenen, eigennützigen Interessen. Andere Menschen oder die Erde oder die Siebte Generation* sind ihnen völlig egal. Wir sagen nein zu solchen Leuten und dem System, das sie selbst und für sich selbst etabliert haben. Wir glauben, daß es viele, viele unter euch gibt, Menschen aller Rassen und Nationalitäten, die unserem Protest zustimmen. Wir fordern, wir *verlangen*, daß man uns in den humanitären Organisationen anhört. Jemand *muß* seine Stimme für die Erde und die Siebte Generation erheben! An jedem nationalen Kongreß und an jeder internationalen Konferenz sollten Delegationen der indigenen Völker teilnehmen. Wir sind die Stimme der Erde. Wir sprechen für jene, die noch nicht geboren sind. Wenn ihr uns ausschließt, schließt ihr euer eigenes Gewissen aus. Wir *sind* euer Gewissen!

* A.d.Ü.: Der Begriff »Siebte Generation« meint, daß man in all seinem Handeln die Auswirkungen für die Nachkommen bis zur siebten Generation berücksichtigen soll. Er wird meist in bezug auf den Erhalt der Erde verwendet.

Schrei eines Adlers

Hört mir zu!
Hört zu!
Ich bin die Stimme der Indianer.
Hört, wie ich aus dem Wind erklinge,
hört, wie ich aus der Stille erklinge.
Ich bin die Stimme der Indianer.
Hört mir zu!

Ich spreche für unsere Vorfahren.
Aus ihren ruhelosen Gräbern rufen sie euch an.
Ich spreche für die ungeborenen Kinder.
Aus ihrer sprachlosen Stille rufen sie euch an.

Ich bin die Stimme der Indianer.
Hört mir zu!
Ich bin ein Chor von Millionen.
Hört uns!
Unser Adlerschrei wird nicht verstummen!

Wir sind euer eigenes Gewissen, das euch ruft.
Wir sind ihr,
die ungehört in euch schreien.

Gebt meiner ungehörten Stimme Gehör.
Laßt mich mit dem Herzen sprechen und die
Worte nicht verstummen,
sie durch den Wind Millionen zuflüstern,
allen, denen es nicht egal ist,
allen, die Ohren haben, um zu hören,
und Herzen, die mit meinem
zusammen schlagen.

Legt euer Ohr an den Boden
und hört mein Herz dort schlagen.
Legt euer Ohr an den Wind
und hört mich dort sprechen.

Wir sind die Stimme der Erde,
der Zukunft,
des Großen Geheimnisses.

Hört uns!

Kapitel 11

Ich kann meine persönliche Geschichte nicht erzählen – selbst in dieser Kurzfassung nicht –, ohne weit vor den Tag meiner Geburt am 12. September 1944 zurückzugehen, zurück in die Jahre 1890, 1876, 1868, 1851 und den ganzen langen Weg, vorbei an all den anderen entsetzlichen Tagen in der Beziehung zwischen roten und weißen Männern bis zum schwärzesten Tag der menschlichen Geschichte: dem 12. Oktober 1492, als unser Großes Leid begann.

Für unsere Zwecke soll es aber genügen, all die historischen Daten zu überspringen, und für den Beginn meiner Geschichte das Jahr 1890 festzulegen, dieses entscheidende und furchtbare Jahr, das Jahr, in dem wir und das Heilige Band unserer Nation endgültig zerrissen wurden.

Oder wie sie glaubten.

Immer, wenn ich an den Holocaust denke, der sich am Wounded Knee in South Dakota am 29. Dezember 1890 ereignete, höre ich Stimmen von Kindern, die vor Kälte, Hunger und Furcht schreien. Ich höre das Jammern und Klagen der Mütter, die in Todesangst um ihre sterbenden Babys weinen.

In den Geschichten, die mir von den Ältesten der Lakota überliefert wurden, werden die unermeßlichen Qualen von Häuptling Big Foot und seinem verhungernden Gefolge beschrieben. Schreckliches mußten sie auf ihrer Flucht durch den unbarmherzigen Dakota-Winter nach Pine Ridge erleiden, an diesem furchtbaren Tag im Dezember, nur zwei Wochen nach der völlig unprovozierten Ermordung Sitting Bulls. Wie so viele andere unseres Volkes kam er durch Verrat ums Leben.

Die Menschen aus Big Foots Stamm wußten nicht, warum man auf sie zielte und schoß, als sie um ihr Leben rannten. Sie wollten Zuflucht bei Red Clouds Stamm in Pine Ridge suchen. Angeblich, so behauptete die Regierung, wurden die Truppen ausgesandt, um uns daran zu hindern, den Geistertanz abzuhalten, eine rein religiöse Zeremonie. Das war natürlich nur ein Vorwand. Darin sind sie bis heute sehr gut: Vorwände zu erfinden, um gegen uns vorgehen zu können. Der wahre Grund für ihren Angriff war, daß sie ihre Eisenbahnlinie von den uns weggenommenen Black Hills nach Chicago und weiter Richtung Osten führen wollten, mitten durch das wenige Land hindurch, das uns noch geblieben war und das uns 1868 im Vertrag von Fort Laramie feierlich zugesprochen worden war, »so lange Gras wächst und Flüsse fließen«.

Als die halb verhungerten und fast erfrorenen Stammesmitglieder von Big Foot sahen, wie die Soldaten der 7. Kavallerie, der ehemaligen Einheit Custers, sich durch den tiefen Schnee auf sie zubewegten, waren sie sicher, die Kavallerie wäre da, um ihnen zu helfen. War ihnen nicht gesagt worden, man würde sie mit Nahrung, Medikamenten und Unterkünften versorgen, wenn sie sich der Indian Agency in Pine Ridge ergaben?

Am eigenen Körper spüre ich in diesem Moment die Not und das Leiden der mehr als dreihundert Männer, Frauen und Kinder, die sich bei Frost ihren Weg durch Blizzards und Schneewehen bahnten. Ich kann mir vorstellen, welches Entsetzen, welche Angst sie am nächsten Morgen ergriffen haben muß, als die Soldaten das Feuer auf sie eröffneten – das Krachen und der Widerhall der Gatling-Gewehre, das Donnern der Kanonen, das Rasseln der Säbel und die Schreie der Frauen und Kinder.

Als Indianer vom Stamm der Lakota kann ich die Schreie hören und die Schmerzen der Mütter, Kinder und alten Männer spüren, als sie von Kugeln und blutigen, wieder und immer wieder auf sie einschlagenden Säbeln zerfetzt wurden, während sie wehrlos am Boden lagen. Ich durchlebe den Tod jedes einzelnen von ihnen. Mit jedem von ihnen sterbe ich, wieder und immer wieder.

In dem Glauben, daß nur durch Frieden die Feindseligkeiten zwischen den Menschen überwunden werden könnten, hatte sich Häuptling Big Foot geweigert, gegen den *wasichu* (weißen Mann) zu kämpfen. Big Foot war zu der Zeit ein alter Mann, der schon halb einer Lungenentzündung erlegen war. Sie ergaben sich der Kavallerie, lagerten am Wounded Knee Creek, aßen eine dürftige Mahlzeit – fast wie eine Henkersmahlzeit vor der Hinrichtung –, schliefen ein paar Stunden und wurden am nächsten Morgen ermordet. Angeblich hatte ein alter, wahrscheinlich tauber Indianer zum Gewehr gegriffen, statt es einem Soldaten zu übergeben. Das Gewehr ging los, woraufhin die Gatling-Gewehre und Kanonen vom Hügel herab direkt in die Menge feuerten. Sie töteten sogar ein paar Dutzend ihrer eigenen Männer, die dort standen.

Später wurden den stolzen Schlächtern der 7. Kavallerie sechsundzwanzig Verdienstorden für ihre Heldentaten verliehen. Die Geschichtsbücher des weißen Mannes sprechen immer noch von einem »Kampf«, als ob sie damit diese würdelose Tat bemänteln könnten. Es war ein Abschlachten, nichts anderes. Ein Verbrechen gegen die Menschlichkeit, auch wenn es diesen Begriff damals noch nicht gab.

Der verstorbene James High Hawk, einer der wenigen Überlebenden des Massakers am Wounded Knee, lieferte den folgenden Augenzeugenbericht:

> »Meine Mutter schrie und versuchte, ihre kleine Familie zu retten und zu beschützen. Ich war damals noch ein kleiner Junge. Ein Soldat kam zu

> unserem Versteck, und während meine Mutter um unser Leben flehte, schoß er auf sie, auf meinen kleinen Bruder, der noch ein Baby war, und auf mich. Ich war verwundet und lag stundenlang dort, bis Oglalas [Lakotas] aus Pine Ridge kamen und mich retteten. ... Dieses Massaker ist das schändlichste, feigste und heimtückischste Morden, das die Armee der Vereinigten Staaten je veranstaltet hat. Die Weißen sagen, wir Indianer seien heimtückisch, aber das sind wir nicht. Wir lieben unsere Familien. Wir haben die Weißen nicht belästigt, aber sie sind hierher gekommen und haben uns umgebracht – Frauen und Kinder. Wir tragen die Wunden zum Beweis dafür, was sie getan haben.«

Ja, wir tragen die Wunden. Und diese Greueltaten gegen mein Volk werden bis zum heutigen Tag fortgesetzt. Nur werden sie heute mit subtileren Mitteln als mit Gatling-Gewehren, Kanonen und Säbeln durchgeführt. Es gibt unauffälligere Methoden zu töten. Nenn es Tod durch Statistik. Heute erledigt der weiße Mann das Töten so, wie es seine Statistiken zeigen. In den indianischen Reservaten South Dakotas herrscht landesweit die größte Armut und Arbeitslosigkeit, hier gibt es die höchste Säuglingssterblichkeit und die höchste Selbstmordrate unter Jugendlichen, den niedrigsten Lebensstandard und die niedrigste Lebenserwartung – gerade mal vierzig! Diese Statistiken belegen den Genozid.

Der Genozid verbirgt sich auch hinter der schlechten Krankenversorgung, den miserablen Unterkünften, dem unzureichenden Schulwesen und der wuchernden Korruption. Nur allzu interessiert schielen Tausende von lokalen Spekulanten nach dem uns verbliebenen Land, so daß es innerhalb der Reservate zu Unruhen und Zwietracht kommt. Hektar um Hektar wird es zur Tilgung von privaten oder von Stammesschulden verkauft. Kein Quadratzentimeter von unserem stetig schrumpfenden Grund und Boden scheint den gierigen Absichten derer entgehen zu können, die uns in die Nichtexistenz treiben möchten.

Das American Indian Movement hat über Jahre hinweg in jeder erdenklichen Form versucht, die Welt auf diese Verbrechen gegen die Menschlichkeit aufmerksam zu machen. Es besteht immer die Hoffnung, daß wenigstens einige uns hören, in sich gehen und Menschlichkeit genug besitzen, von der US-Regierung zu fordern, daß sie diese Verbrechen stoppt.

Die Vernichtung unseres Volkes muß aufhören!

Wir sind keine Zahlen in einer Statistik. Wir sind das Volk, dem ihr dieses Land mit Gewalt, Blut und Lügen genommen habt. Wir sind das Volk, dem ihr versprochen habt, den Diebstahl dieses riesigen Kontinents durch eine kleine, kümmerliche Abfindung zu ersetzen, um uns wenigstens die nackte Existenz zu sichern. Wir sind das Volk, dem ihr jetzt sogar diese Abfindung entreißt; das Volk, das ihr jetzt ohne jeden Skrupel aufgebt – zusammen mit eurer Ehre;

gegen dessen Frauen, Kinder und Alte ihr sogar militärisch vorgeht; dessen noch verbliebene Krieger, die es wagen, sich zu erheben und ihre Leute zu verteidigen, ihr zu Zielscheiben macht – mit Mitteln, die selbst euren eigennützigen Gesetzen nach illegal sind. Ihr begeht zur gleichen Zeit Verbrechen gegen die Menschlichkeit, da ihr dem Rest der Welt über die Menschenrechte predigt.

Wann wirst du endlich deinen eigenen Prinzipien gerecht, Amerika?

Kapitel 12

Seit Mitte der fünfziger Jahre begegneten indianische Männer und Frauen den Rechtsbrüchen der staatlichen Regierungen und der Bundesregierung mit neuer Entschlossenheit und neuem Kampfgeist. Von Anfang an wehrten wir uns dagegen, weiter in die ewige Opferrolle gedrängt zu werden. Ende der sechziger Jahre entdeckten wir ein altes Gesetz, das Indianern ein Vorrecht auf staatlichen Grundbesitz zusicherte, der von der Regierung nicht mehr genutzt wurde.

Wir beschlossen, dieses Gesetz zu erproben – zu erproben, ob *irgendein* Gesetz zur Anwendung kam, sobald es um Indianer ging. Im November 1969 belagerten Indianer die Insel Alcatraz in Kalifornien, Standort des berüchtigten Bundesgefängnisses, das seit 1963 leerstand. Unsere Besetzer von Alcatraz erklärten ihre Absicht, die Insel zu einem kulturellen Zentrum der Native Americans zu machen – das erste Gebäude, das Besucher sehen würden, wenn sie die Golden Gate Bridge passierten. Das wäre zumindest mal ein Zeichen dafür, wem all dies wunderbare, weite Land einmal gestohlen worden war. Ein paar Monate später, 1970, besetzten einige von uns außerdem das leerstehende Fort Lawton außerhalb von Seattle. Daran war ich persönlich beteiligt (und ich bin stolz, sagen zu können, daß Fort Lawton schließlich tatsächlich zu einem Kulturzentrum der Native Americans wurde). All diese Aktionen wurden friedlich durchgeführt. Wir provozierten keine Gewalt. Keiner von uns wollte seine Freiheit verlieren und den Rest seines Lebens im Gefängnis verbringen. Wir beriefen uns lediglich auf ein Gesetz der Vereinigten Staaten.

Aber die Gegenseite sah das freilich anders, insbesondere bei der Hetze, die in dieser Zeit betrieben wurde. Wir wurden »Verbrecher«, »Kommunisten« und »Besetzer« genannt. Als man Indianer bei den Protesten wegen der Fischereirechte verhaftete, wurden Männer, Frauen und Kinder geschlagen. In Fort Lawton ging man gegen uns mit Maschinengewehren und Flammenwerfern vor. Als sie uns festnahmen, befummelten die Soldaten die Frauen vor den Augen der Männer, um uns zu provozieren, damit wir ihnen eine Rechtfertigung gäben, uns zu töten. Diejenigen von uns, die man als Anführer ausgesondert hatte, wurden in den Zellen des Militärgefängnisses geschlagen. Ich weigerte mich, das Gefängnis zu verlassen, ehe nicht auch alle anderen unserer Gruppe von Kriegern gehen durften. Das brachte mir mehrere Extraschläge ein. Schließlich lieben es die Weißen, uns Brüder voneinander zu trennen, uns dazu zu treiben, daß wir uns gegenseitig belasten, das Mißtrauen zwischen uns zu schüren, uns einen nach dem anderen zu verprügeln und dabei laut lachend herauszuposaunen, daß die anderen uns längst verraten haben – was natürlich nicht stimmt. Es ist eine uralte Strategie – teile und unterwerfe, nennen sie sie.

Ich habe gelernt, daß die beste Art, mit Schlägen umzugehen, die ist, sich zu entspannen, die Bauchmuskeln anzuspannen, Kopf und Genitalien zu schützen und an den Sonnentanz zu denken. Klar, manchmal schmerzt es so sehr, daß du denkst, du mußt sterben oder zumindest den Rest deines Lebens als Krüppel verbringen – und vielleicht wirst du das auch –, aber irgendwie überlebt man es zum Glück immer. Wir Indianer sind Überlebenskünstler. Der Schmerz macht mich nur noch stärker, noch entschlossener. Dieser Schmerz ist der Schmerz meines Volkes, und ich bin stolz, ihn für mein Volk zu ertragen.

Angefeuert von den Ereignissen auf Alcatraz und in Fort Lawton, begannen in South Dakota junge Krieger – Männer wie Frauen –, aufständisch zu werden. Anfang der siebziger Jahre organisierten Traditionalisten des Oglala-Lakota-Volkes im indianischen Pine Ridge-Reservat Proteste gegen die Armut und die entsetzlichen Lebensbedingungen. Indianer lebten in Autowracks und windigen Baracken – sie waren von eben der Regierung enteignet worden, die auf ihre Verfassung geschworen hatte, sie zu schützen. In den Städten, die an das Reservat angrenzten, griff die häßlichste Form von offenem und unverhohlenem Rassismus gegen Indianer um sich. Beschimpfungen, Schläge,

Folter und sogar Mord waren in diesen Städten ein blutiger Zeitvertreib, bei dem das Gesetz wegsah.

Die Wurzeln meines politischen Aktivismus liegen in dem zügellosen Rassismus und in der unmenschlichen Armut, mit denen ich als heranwachsendes indianisches Kind im Turtle Mountain Chippewa-Reservat und Fort Totten Sioux-Reservat in North Dakota täglich konfrontiert wurde.

Teil III
Als Indianer aufwachsen

Ein starker Führer
hat Erbarmen.

Kapitel 13

Wie die meisten Indianer habe ich mehrere Namen. Es gehört zur indianischen Lebensweise, daß dir im Laufe deines Lebens Namen gegeben werden, nicht nur bei deiner Geburt. Einige bekommst du bei Zeremonien in deiner Kindheit. Andere werden dir aus besonderen Anlässen während deines späteren Lebens verliehen. Jeder Name deutet auf einen neuen Aspekt deiner selbst und deiner Fähigkeiten hin. Und jeder Name ist etwas Neues, dem du gerecht werden mußt. Er deutet dir die Richtung, die du im Leben nehmen sollst. Einer meiner Namen ist Tate Wikuwa, was in der Dakota-Sprache »Der Wind jagt die Sonne« bedeutet. Es war der Name meines Urgroßvaters. Ein anderer Name, den mir meine Native Canadian-Brüder gegeben haben, ist Gwarth-ee-lass und bedeutet »Er führt das Volk«.

Diese Namen sind beide inspirierend für mich. Der erste drückt für mich die vollkommene Freiheit aus – ein Ziel, das selbst die meisten Leute außerhalb von Gefängnismauern nie erreichen. Wenn ich mir diesen Namen vorspreche – »Der Wind jagt die Sonne« –, fühle ich mich im Herzen befreit, als ob ich mich auflösen, durch die Steinmauern und Stahlgitter dringen und auf dem Wind durch das reine Sonnenlicht in die Himmelswelt reiten könnte. Keine Mauern, Gitter und Rollen von Stacheldraht können mich davon abhalten. Der zweite Name – »Er führt das Volk« – heißt für mich, meiner Sache ganz verpflichtet zu sein. Ich versuche, dieser Verpflichtung sogar innerhalb dieser Mauern nachzukommen, indem ich mich bemühe, meinem Volk, so gut es geht, zu helfen.

Vielleicht klingt es anmaßend oder gar absurd – ein Mann wie ich, der zweimal lebenslänglich im Gefängnis sitzt und davon spricht, sein Volk zu führen. Aber man weiß nie, wann man plötzlich und unerwartet gefordert wird, so wie Nelson Mandela. Er weiß so gut wie ich, was es heißt, im Gefängnis zu sitzen, Jahr für Jahr, Jahrzehnt für Jahrzehnt. Ich möchte mich für den Fall, daß ich je gebraucht werde, bereithalten. Ich arbeite innerhalb dieser Mauern daran, mit anderen Häftlingen, mit meinen Anhängern aus der ganzen Welt, mit Menschen guten Willens, egal woher. Ein starker Führer hat Erbarmen. Er geht Kompromisse für das Wohlergehen aller ein. Er hört sich alle Seiten an und trifft keine übereilten Entscheidungen, die Menschen verletzen könnten. Ich arbeite sehr hart daran, ein Führer zu sein, den ich selbst respektieren könnte.

So sagen meine Namen mir und anderen auf unsere Art, wer ich bin. Jeder meiner Namen sollte eine Inspiration für mich sein. Hier, in Leavenworth, überhaupt im gesamten Gefängnissystem der Vereinigten Staaten, ist mein offizieller Name Nr. 89637-132. *Darin* steckt nicht gerade viel Fantasie oder Inspiration.

Getauft bin ich auf den Namen Leonard Peltier – auch wenn ich mich nicht als Christ betrachte. Der Nachname ist französisch und stammt von den Felljägern und Reisenden, die vor über hundert Jahren durch unser Land kamen. Auch auf dieses heilige Blut bin ich aufrichtig stolz. Der Name ist eine Kurzform von Pelletier, aber die Amerikaner sprechen ihn heute Pel-teer aus. Meinen Vornamen gab mir meine Großmutter. Sie sagte, ich hätte als Baby so sehr geschrien, daß es sich anhörte wie ein kleiner Löwe. Sie sagte, sie habe mich Leonard genannt, weil der Name wie »lion-hearted« (mutig wie ein Löwe) klinge. Ich weiß nicht, wie sie darauf gekommen ist, jedenfalls habe ich Jahre später einmal in einem Namenlexikon nachgeschlagen und herausgefunden, daß Leonard tatsächlich »lion-hearted« bedeutet.

Ich stamme von den Ojibway und Dakota Sioux ab, bin aber traditionell von den Lakota Sioux aufgenommen worden und habe dort eingeheiratet. Die Lakota/Dakota/Nakota-Indianer – auch Sioux genannt – bilden zusammen eine große Nation von Nationen. Wir Indianer gehören verschiedenen Nationen an, aber wir sind ein Volk. Ich wurde in Reservaten sowohl der Sioux als auch der Ojibway (Chippew) aufgezogen, in dem Land, das ihr als Amerika kennt.

Ich möchte ganz ernsthaft – und ohne dabei respektlos zu sein – feststellen, daß ich mich nicht als amerikanischer Bürger verstehe. Mein Geburtsort ist das Great Turtle Island. Ich gehöre zum Ikce Wicasa – dem einfachen Volk, der ursprünglichen Bevölkerung. Unser geheiligtes Land ist besetzt, und daher sind wir *alle* Gefangene – nicht nur ich.

Gleichwohl liebe ich meine indianische Abstammung, trotz all der Last und all der Verantwortung. Es ist mein größter Stolz, Indianer zu sein. Ich danke Wakan Tanka, dem Großen Geheimnis, daß er mich als Indianer schuf. Ich liebe mein Volk. Wenn ich wegen irgendetwas angeklagt werden muß, dann deswegen – weil ich Indianer bin. Zu diesem Verbrechen – und nur zu diesem Verbrechen – bekenne ich mich schuldig.

Mein Verbrechen ist es, Indianer zu sein.
Welches ist deins?

Kapitel 14

Wenn du als Indianer aufwächst, lernst du sehr schnell, daß der sogenannte Amerikanische Traum nicht für dich ist. Für dich ist dieser Traum ein Alptraum. Du kannst jedes indianische Kind fragen: Da brauchst du nur in irgendeiner Kleinstadt außerhalb des Reservats über die Straße zu laufen, und schon kommt so ein weißer Cop auf dich zu, packt dich an den langen Haaren, drängt dich gegen ein Auto, filzt dich, versetzt dir mit seinem Schlagstock ein paar ordentliche Hiebe in die Rippen und läßt dich schließlich mit einer Warnung laufen: »Paß ja auf, Tonto!« Mit weißen Kindern macht er das nicht, nur mit Indianern. Während du davonhumpelst und dir die schmerzenden Rippen hältst, hörst du, wie er vor Vergnügen lacht. Wenn du ihnen frech kommst, wenn sie dich schikanieren, wanderst du gleich in den Knast. Man muß ja schließlich aufpassen, daß diese Injuns bleiben, wo sie hingehören.

Tatsache ist, daß sie uns in Wahrheit brauchen. Wen sollten sie sonst in Gegenden wie Dakota oder New Mexico in ihre Knäste und Gefängnisse stecken, wenn sie nicht die Indianer hätten? Man denke bloß an all die Cops und Richter und Wärter und Anwälte, die keine Arbeit mehr hätten, wenn sie nicht die Indianer unterdrücken könnten! Wir halten das System am Laufen. Wir helfen, dem amerikanischen Ungerechtigkeitssystem die Verbrecher zu liefern, die es braucht. Knastfutter zu sein ist doch zumindest *eine* Daseinsberechtigung. Das Gefängnis ist die einzige Universität, die einzige Bildungsanstalt, die die meisten jungen indianischen Brüder je kennenlernen. Für die Schwarzen und Latinos gilt das gleiche. Latino ist freilich in der Sprache der Weißen der Name für Indianer südlich des Rio Grande. In den Büchern der Weißen steht, daß es nur etwa zweieinhalb Millionen von uns Indianern hier in Amerika gibt. Aber hier in der westlichen Hemisphäre, in ganz Amerika, gibt es mehr als zweihundert Millionen von uns, und in der ganzen Welt gibt es noch weitere Hunderte von Millionen Menschen aus indigenen Völkern. Wir sind die ursprüngliche Bevölkerung. Wir sind einer der Finger an der Hand der Menschheit. Wie kommt es, daß wir in unseren eigenen Ländern nicht repräsentiert werden und keinen Sitz – oder mehrere Sitze – in den Vereinten Nationen haben? Wie kommt es, daß wir unsere Abgesandten nur in Gefängnisse und auf Friedhöfe schicken dürfen?

Obwohl wir von den gleichen Leuten unterdrückt werden, enden wir Indianer merkwürdigerweise oft damit, daß wir untereinander um die paar wenigen Vorrechte kämpfen, die uns im Gefängnis oder in der

Gesellschaft allgemein noch geblieben sind. »Hetzt sie gegeneinander auf und laßt es sie untereinander aushandeln; wir nehmen sie dann aus!« Das ist seit fünfhundert Jahren die Strategie des weißen Mannes, und – he! – sie hat doch verdammt gut funktioniert! Wenn du als Indianer aufwächst, brauchst du nicht zum Verbrecher zu werden, du bist bereits ein Verbrecher. Unschuld wirst du nie kennen.

In dieser Welt bin ich aufgewachsen. Es ist eine Welt, die die meisten Weißen nie zu Gesicht bekommen. Höchstens, wenn sie sich auf einer Urlaubsreise zu den vier weißen Präsidentengesichtern befinden, die die Front des heiligen Berges entweihen, den sie Mount Rushmore nennen, dann kommen sie tatsächlich mal an einem indianischen »Rez« vorbei. Und dann gaffen sie uns an. Sie halten nicht an und sagen hallo. Sie winken nicht. Sie lächeln nicht. Sie gaffen. »Guck mal«, sagen die Eltern zu ihren Kindern, wenn sie in ihren glänzenden Autos an uns vorbeifahren, und zeigen mit dem Finger auf uns: »Da, ein *Indianer*!«

Kapitel 15

Leute fahren durch ein Reservat, sehen ein paar Schrottautos im Vorgarten einer indianischen Familie, schütteln die Köpfe und sagen: »Diese dreckigen Indianer. Wie können die bloß so leben? Warum bringen sie diesen Schrott nicht weg?«

Diese Leute, so schnell sie mit ihrem Urteil sind, verstehen nicht die höhere Mathematik des Armseins. Sie kapieren nicht, daß man vielleicht sechs oder acht Schrotthaufen braucht, um einen Schrotthaufen fahrtüchtig zu halten, wenn man es sich nicht leisten kann, ein Auto zu kaufen oder reparieren zu lassen. Diese Schrotthaufen im Hof haben in den Augen der Indianer einen besonderen Wert; sie liefern den Rohstoff für eine schwer erhältliche und beinahe heilige Ware in indianischem Land – den Transport. Ohne fahrbaren Untersatz ist man draußen in den unbewohnten Weiten des Reservats vollkommen isoliert. Wenn das einzige funktionierende Auto der Familie liegenbleibt, mag einer dieser Schrotthaufen im Hof genau das benötigte Ersatzteil liefern, damit Pop täglich seine gut hundert Kilometer in die Stadt zu seiner Knechtsarbeit fahren und seine oft hungrige Familie ernähren kann. Für eine solche Familie bedeuten die Schrotthaufen im Hof das reine Überleben.

Und häufig gibt es da noch eine alte Tante, die in diesen Wracks schläft oder gar wohnt. Und wenn du den Kofferraum oder das Handschuhfach öffnest, wird sich dir ein Bild von liebevoll nebeneinandergereihtem indianischen Mais und Bohnen, Kräutern und Süßgras bieten, angeordnet wie wertvolle Juwelen. Die Schrottplätze haben Poesie. In ihren rostigen Eingeweiden bergen diese Schrotthaufen manchmal heilige Dinge. Etwa wie wir Indianer. Denk daran, wenn du das nächste Mal durch ein Reservat fährst und jene Schrotthaufen in den Höfen siehst. Auch sie sind heilig.

Kapitel 16

Ich wurde am 12. September 1944 in Grand Forks, North Dakota, geboren. Mein Vater Leo hatte zu drei Vierteln Chippewa-Blut (Ojibway) und – wie er uns immer erzählte – zu einem Viertel französisches Blut in den Adern. Meine Mutter, Alvina Showers, war mütterlicherseits eine Dakota Sioux und väterlicherseits eine Chippewa. Als ich vier war, trennten sich meine Eltern und ließen sich dann scheiden. Meine Schwester Betty Ann und ich kamen zu den Eltern meines Vaters, Alex und Mary Dubois-Peltier, ins Turtle Mountain-Reservat, etwa sechs Kilometer nördlich von Belcourt, North Dakota. Es ist in der indianischen Lebensweise häufig so, daß die Großeltern die Kinder aufziehen. Das überlieferte Wissen wird nicht so sehr von den Eltern an die Kinder, sondern von den Großeltern an die Enkelkinder weitergegeben. Darum ehren wir auch unsere Ältesten. Es ist bei uns so, wenn du älter wirst, *wirst* du ein Ältester – und das ist etwas, worauf du dich dein ganzes Leben freuen kannst. Von meinen Großeltern aufgezogen zu werden – »Gramps« und »Gamma« nannten wir Kinder sie – war daher eins der wirklich schönen

Dinge in meinem Leben. Gamma brachte mir die alten Lieder und Geschichten bei und lehrte mich sogar ein wenig Medizin. Gramps nahm mich zum Jagen mit und zeigte mir, wie man bestimmte Dinge herstellt und wie man allein in der Wildnis überlebt.

Ich wuchs in meiner Jugend mit *Métis* – einer französisch-indianischen Mischsprache – und Englisch auf und konnte außerdem noch ein paar Brocken Sioux, Ojibway und Französisch sprechen. Da jede Sprache die Wirklichkeit aus einem anderen Blickwinkel beschreibt, lernte ich schnell, daß man sich in diesem Leben mit vielen verschiedenen Wirklichkeiten auseinandersetzen muß und daß viele dieser Wirklichkeiten unangenehm sind.

Unsere Familie arbeitete damals auf den Kartoffelfeldern und zog zur Erntezeit vom Reservat ins Red River-Tal. Man erntete die Knollen mit der Hand und bekam für einen Scheffel nur acht bis zehn Cents. Als ich klein war, bestand meine Aufgabe darin, vorauszulaufen und die Knollen zu lockern, damit die anderen hinter mir sie schneller einsammeln konnten. Wir lebten damals in einem kleinen Blockhaus, etwa sechs mal viereinhalb Meter, ohne Wasser und Strom. Wasser holten wir entweder von einer acht Kilometer entfernten Quelle oder aus einem drei Kilometer entfernten Brunnen. Zum Heizen und Kochen schlugen wir Holz und schleppten es herbei. Ich arbeitete immer bis spät, wurde groß und stark und hatte am Leben nichts auszusetzen, so schwer es auch war. Von meiner Jugend an war jeder Tag eine Frage des Überlebens. So war es eben. Es kam mir ganz normal vor. Es hat einen Überlebenskünstler aus mir gemacht, dieses harte Leben. Seitdem bin ich immer einer gewesen, der überlebt.

Ich wurde sowohl im christlichen Glauben als auch nach der traditionellen indianischen Religion erzogen. Meine Großmutter glaubte an die traditionelle indianische Religion und war gleichzeitig Katholikin. Es war allgemein bekannt, daß man mehr Unterstützung von der Regierung bekam, wenn man katholisch oder zumindest Christ war. Ich besuchte beide Gottesdienste. Gamma fand im katholischen Glauben nicht wirklich den religiösen Trost, den sie suchte, also hörte sie nie auf, die indianischen Zeremonien zu besuchen. Bei gesundheitlichen Beschwerden ging sie meist zu einem Medizinmann. So wurde ich in die indianische Religion eingeführt. Ich wurde auch in den Katholizismus eingeführt, aber meinen Glauben daran verlor ich schon in jungen Jahren. Ich muß damals ungefähr neun gewesen sein. Ich weiß noch, wie ich mir sagte, ich könne nie ein guter, gläubiger Katholik sein. Es wirkte alles so hart und wirklichkeitsfremd und bar jeden menschlichen Mitgefühls, zumindest soweit es uns Indianer betraf. Das soll keine Kritik an den Katholiken sein, es ist nur die Sichtweise eines Kindes. Vielleicht waren sie zu meiner Zeit viel strenger als heute. Wie ich höre, soll es über die Jahre viele Veränderungen gegeben haben, ich weiß es nicht. Für die indianischen Kinder, die heute noch in kirchlicher Obhut sind, hoffe ich es.

Wie dem auch sei, ich fühlte mich im indianischen Glauben viel unbefangener und mehr zu Hause. Er gab mir ein Gefühl der Zugehörigkeit, das Gefühl, als Indianer gewollt zu sein. Außerdem schien dieser Glaube so voller Liebe und Fürsorge und wunderbar Geheimnisvollem, und er schien unserer Mutter, der Erde, und unserem Großvater, dem Himmel, und Wakan Tanka, dem Großen Geheimnis, so eng verbunden. Und in der Schwitzhütte und beim Sonnentanz lehrte er dich, mit dem Schmerz umzugehen – wovon du als Indianer in diesem Leben immer genügend haben würdest, dafür sorgte schon der weiße Mann. Unsere Ältesten spachen zu uns über die ursprünglichen Weisungen, die Wakan Tanka uns erteilt hatte, und daß die allererste Weisung von allen diejenige ist zu *überleben*! Sie lehrten uns auch, daß es nicht unsere Aufgabe sei, die Traditionen zu *erhalten*, sondern sie zu *leben*. Diese Lektionen der Ältesten haben mir mein ganzes Leben hindurch immer geholfen. Ich habe sie oft gebraucht und werde sie ohne Zweifel auch weiterhin brauchen.

Kapitel 17

Um 1950 herum, als die Zeiten im Reservat besonders schwer waren, brachte mein Großvater die Familie für eine Weile nach Montana. Er hoffte, dort Arbeit in den Minen oder Holzfäller-Camps zu finden, um etwas Geld zu verdienen. Eine Zeitlang lebten wir in Butte. Ich brachte uns dort – als Sechsjähriger – alle in Schwierigkeiten, weil ich mich weigerte wegzurennen, als drei weiße Kinder anfingen, Steine nach mir zu werfen. »Hau ab, du dreckiger Indianer!« riefen sie lachend, während sie mich zu einer, wie sie dachten, wehrlosen Zielscheibe machten. Ich wurde mehrere Male getroffen. Dann hob ich einen Stein auf, wirklich nur einen etwas größeren Kiesel, und warf ihn zu ihnen zurück, um mich zu wehren. Wenn der nicht gesessen hat. Ich traf einen von ihnen direkt an der Schläfe. Das Blut lief ihm das Gesicht runter, und er schrie, als ob er sterben würde. Ich war zu Tode erschrocken.

Ich rannte nach Hause, versteckte mich unter dem Bett und betete und betete, daß der weiße Junge nicht sterben solle. Ich weiß noch, wie ich jammerte: »Oh, laß ihn leben! Laß ihn leben!« Kurze Zeit später kam ein großes, glänzendes Auto vor unserem kleinen Mietshaus vorgefahren. Große, glänzende Autos bedeuteten immer Ärger für Indianer. Eine weiße Frau stieg aus. Sie zeterte und schrie, machte ein Riesentheater und drohte, mich in eine Besserungsanstalt bringen zu lassen. Sie warf Gamma Schimpfwörter wie »dumme Sau« und »dreckige Squaw« an den Kopf. Als sie ging, schrie sie, daß sie direkt zur Polizei fahren und unsere gesamte »dreckige Bande« ins Gefängnis werfen lassen werde.

Ich hörte die ganze Zeit zitternd von meinem Platz unter dem Bett aus zu. Als Gamma hereinkam und wissen wollte, was passiert sei, war ich viel zu verängstigt, um auch nur ein Wort herauszubringen. Ich preßte nur meine Hand über den Mund. Es war eines der wenigen Male, daß Gramps mich verprügelte, normalerweise genügten Worte und strafende Blicke, um für Disziplin in unserer Familie zu sorgen. Aber diesmal setzte es ordentlich Schläge mit dem Riemen. Ich hielt die ganze Zeit über die Hand vor den Mund, um nicht zu weinen, und Gramps nahm mich wirklich hart ran. Schließlich erzählte ich ihm, was passiert war. Er schüttelte den Kopf. In seinen faltigen Augenwinkeln standen Tränen, und dann lächelte er traurig und tätschelte mir den Kopf. Er sagte, ich hätte nichts Falsches getan, aber ich hätte trotzdem nicht den Stein nach ihnen werfen dürfen. Ich hätte an die Familie denken sollen. Nun müßten wir alle schnell packen und von hier verschwinden, bevor das Gesetz käme und uns großen Ärger machte. »Fang keinen Streit mit den Weißen an, Junge«, sagte Gramps. »Sie kommen immer wieder und kriegen dich. So sind sie eben.« Wir packten zusammen und machten uns noch am gleichen Abend auf den Rückweg nach North Dakota. Niemand schimpfte mehr mit mir wegen dieser Sache. Meine Schwester klatschte sogar in die Hände und erklärte mich zum Helden. »Kein Held«, sagte Gramps, »ein Krieger ist er!« Das machte mich ungeheuer stolz.

Gramps starb an einer Lungenentzündung, als ich acht war. Danach wurde das Leben richtig schwer für uns. Meine Großmutter blieb auf sich gestellt. Sie sprach kaum Englisch, hatte so gut wie überhaupt kein Einkommen und versuchte, drei kleine Kinder großzuziehen – mich, meine Schwester und meine Cousine Pauline. Ich versuchte, mit meiner Schleuder unseren Tisch aufzufüllen, und brachte gelegentlich ein Eichhörnchen oder vielleicht einen kleinen Vogel mit. Meistens verlieh Gamma damit nur der ansonsten vegetarischen Suppe ein bißchen Geschmack. Es wollte mir nie gelingen, mit meiner Schleuder ein Kaninchen zu fangen, so ein großes, fettes, wie Gramps es ab und an mit seiner 22er für Gammas leckeres Kaninchenragout geschossen hatte. Als der kalte Winter North Dakotas kam, wurde der Hunger zu einem wirklich großen Problem für uns. Wir hatten kein Brot, keine Milch und auch sonst kaum irgendetwas. Ich dachte, der nagende Schmerz in meinem Bauch würde dahingehören.

Eines Tages im Herbst des Jahres 1953 wurden wir Kinder von einem großen, schwarzglänzenden Regierungsauto abgeholt und in die Internatsschule des BIA (Bureau of Indian Affairs) in Wahpeton, North Dakota, gebracht. Ich weiß noch, wie Gamma weinend im Türrahmen stand und zusehen mußte, wie sie uns wegbrachten. Wir hatten keine Koffer dabei, nur ein Bündel Sachen. Das erste, was sie nach unserer Ankunft dort taten, war, uns das lange Haar abzuschneiden, uns nackt auszuziehen und uns mit DDT zu überschütten. Ich dachte, ich müßte sterben. Es ging dort sehr, sehr streng zu, das kann ich dir sagen. Es war mehr eine Besserungsanstalt als eine Schule. Für den kleinsten Verstoß bekam man schon den Hintern mit dem Rohrstock versohlt, selbst wenn man nichts weiter tat, als jemandem in die Augen zu blicken. Aufsässiges Verhalten nannten sie das – nur wenn man versuchte, sich einer anderen Person gegenüber wie ein menschliches Wesen zu verhalten.

Ich betrachte meine Jahre in Wahpeton als meine erste Haftstrafe, und ich bekam sie wegen des gleichen Verbrechens wie all die anderen: weil ich ein Indianer bin. Wir mußten Englisch sprechen. Wir wurden geschlagen, wenn wir dabei erwischt wurden, wie wir unsere eigene Sprache sprachen. Wir taten es trotzdem. Wir stahlen uns an die Rückseite der Gebäude, wie die Kinder es heute tun, um hinter der Schule zu rauchen, und sprachen Indianisch miteinander. Ich schätze, daß dort meine Karriere als »hartgesottener Verbrecher« begann, wie das FBI mich nennt. Und man kann wohl sagen, daß der erste Gesetzesverstoß meiner Verbrecherlaufbahn darin bestand, meine eigene Sprache zu sprechen. Wenn das keine Gewalttat ist!

Kapitel 18

Nach dem Abschluß in Wahpeton im Jahr 1957 ging ich noch in Flandreau in South Dakota zur Schule und machte meinen Hauptschulabschluß. Dann kehrte ich ins Turtle Mountain-Reservat zurück, wo auch mein Vater jetzt wieder lebte. Ich glaube, ich war ein ziemlich normaler Teenager. Ich wollte ein Auto haben und baute mir eins aus Ersatzteilen zusammen. Ich wurde so gut darin, daß ich später in Seattle eine Autowerkstatt aufmachte.

Als Teenager aus dem »Rez« ging ich zu vielen Powwows und religiösen Zeremonien, aber ich ging auch zu Schulbällen der überwiegend weißen Schüler und hörte viel Rockmusik im Radio. Ich hörte gerne Elvis, die Everly Brothers und Buddy Holly. Ich fühlte mich von beiden Kulturen angezogen und vollführte einen Spagat zwischen ihnen. Ihre Widersprüche und Konflikte konnte ich nicht nur an der Außenwelt, sondern auch in mir selbst wahrnehmen, und wie viele meiner indianischen Brüder und Schwestern zerriß es mich fast.

Es waren damals die letzten Jahre der Eisenhower-Regierung. Eine Resolution wurde vom Kongreß verabschiedet und von Präsident Eisenhower unterschrieben, derzufolge alle indianischen Reservate »aufgelöst« und wir von unserem Land in die Städte »umgesiedelt« werden sollten. Diese Worte waren plötzlich die wichtigsten und meistgefürchtetsten Begriffe unseres Wortschatzes: Auflösung und Umsiedelung. Mir fallen nur wenige unheilvollere Worte der englischen Sprache ein, zumindest für Indianer. Ich nehme an, die Juden in Europa müssen bei Nazi-Wörtern wie »Endlösung« und »Umsiedelung in den Osten« ähnlich gefühlt haben. Für uns waren diese Worte ein Angriff auf unsere Existenz als Volk, ein Versuch, unser Volk auszurotten.

Wir wurden vor die Wahl gestellt: entweder umsiedeln oder verhungern. Später sollten diese politischen Zwangsmaßnahmen durch Gerichtsbeschlüsse für vollkommen illegal erklärt werden, was sie ja auch waren, aber was konnte uns das zur damaligen Zeit helfen. Wir flehten die Regierung an, uns unser Land zu lassen und Arbeitsplätze im Reservat zu schaffen, wie sie es versprochen hatte, aber es war alles vergebens. Diejenigen, an die wir uns um Hilfe wandten, die Beamten des Bureau of Indian Affairs, waren die letzten, die uns helfen wollten. Es ist kein Zufall, daß das BIA um 1800 herum aus dem Kriegsministerium hervorging. Sie führen immer noch Krieg gegen uns.

Um ihre unmenschliche Politik durchzusetzen, stoppte die Bundesregierung Ende der fünfziger Jahre die ohnehin schon mageren Nahrungs- und Warenlieferungen an die Reservate – diese bescheidene kleine »Bezahlung«, die uns die Verträge als Entschädigung für den riesigen und heiligen Kontinent, den sie uns gestohlen hatten, versprachen. Hunger war das einzige, von dem wir genügend hatten; oh ja, davon hatten wir ausreichend, genug für jeden. Wenn verzweifelte Mütter ihre Kinder mit aufgequollenen Bäuchen ins Krankenhaus brachten, lächelten die Schwestern und sagten ihnen, die Kinder hätten nur »Blähungen«. Ein kleines Mädchen, das ganz in der Nähe von uns im Reservat wohnte, starb an Unterernährung. Für mich wurde sie »aufgelöst«.

»Auflösung« war in den rot-weißen Beziehungen eigentlich nichts Neues. Seit 1492 hatten die Weißen das versucht. Sie wollten uns immer los werden, und ich vermute, sie werden nie damit aufhören, es zu versuchen. Indianern wurde Geld geboten, damit sie das »Rez« verließen und in Städte wie Minneapolis, Milwaukee, Cleveland, Los Angeles und Chicago zogen, wo all diese wunderbaren Innenstadtslums und schäbigen Straßen auf uns warteten. Da das Reservat aufgelöst werden sollte, herrschte extreme Wohnungsnot – unser Land wurde unter unseren Füßen weg an weiße Farmer und Bergbau-Gesellschaften verpachtet oder von der US-Regierung annektiert. Meine Familie verlor, wie viele andere auch, ihre Bleibe. Fast waren wir gezwungen, vom Reservat in die überall aus dem Boden sprießenden, urbanen »roten Ghettos«

zu ziehen, in denen die Regierung uns so unbedingt haben wollte. Manchmal pendelten wir zwischen Verwandten hin und her, manchmal schliefen wir einfach im Auto.

Ich war damals ungefähr vierzehn. Mein Dad, der wieder zu uns gezogen war, hatte begonnen, Gemeindetreffen im Reservat zu organisieren, in denen der Regierungsbeschluß, Turtle Mountain aufzulösen, diskutiert wurde. Ich begleitete ihn zu diesen Treffen, weniger, um mir die politischen Debatten anzuhören, als vielmehr, um die paar kleinen Snacks zu essen, die bei diesen Gelegenheiten serviert wurden. Aber bei einem dieser Treffen kam es, daß ich zur Abwechslung mal ein wenig zuhörte, und tief in mir begann sich etwas zu regen – tiefer noch als der Hunger in meinem Magen. Einige Frauen beweinten lautstark, daß sie hungernde Kinder zu Hause hätten. Ich werde nie vergessen, wie eine Ojibway-Frau, eine Cousine von mir, wütend aufstand und mit lauter, emotionsgeladener und tränenerfüllter Stimme fragte: »Wo sind unsere Krieger? Warum erheben sie sich nicht und kämpfen für ihr hungerndes Volk?«

Es sandte elektrische Ströme durch meinen Körper, von den Haarspitzen die Wirbelsäule hinunter bis zu den Fußsohlen. Es war wie eine Erleuchtung – man konnte mit seinem Leben etwas Lohnendes anfangen, etwas, das wichtiger war, als von Tag zu Tag sein eigenes, selbstsüchtiges kleines Leben zu leben. Ja, es gab etwas Wichtigeres als das armselige, miserable Selbst: es gab dein *Volk*. Man konnte sich auflehnen und für es kämpfen! *Das* war nun wirklich etwas, das ich nie in der Schule gelernt oder im Radio gehört hatte. Durch die Schule und durch die Gesellschaft im allgemeinen hatte ich nur gelernt, daß ich mich dafür schämen müßte, Indianer zu sein, daß ich meine indianische Identität zu meinem eigenen Wohl ablegen müsse. »Den Indianer töten, um den Menschen zu retten!« war ihr offizielles Motto! Und hier war nun diese Frau, die mich mit der Idee meines *Volkes* an den Wurzeln meiner Identität packte und herausforderte. Ja, das Volk, Tiospaye, wie die Lakota die erweiterte Familie nennen und zu der sie, wie ich in späteren Jahren erfahren würde, alle indianischen Völker, *alle* indigenen Völker und alle menschlichen Wesen guten Herzens zählen. An Ort und Stelle schwor ich mir, ein Krieger zu werden und immer für das Wohlergehen meines Volkes einzutreten. Ich habe mein Bestes getan, diesen Schwur zu halten.

Etwa um die gleiche Zeit interessierte ich mich wieder verstärkt für die indianische Religion und indianische Lebensweise. Ich nahm an Zeremonien teil und spürte, wie tief in mir etwas angesprochen wurde. Eines Nachts im Jahre 1958 schlich ich mich mit ein paar Freunden davon, um dem Sonnentanz in Turtle Mountain zuzusehen. Er mußte heimlich abgehalten werden, weil das Durchstechen beim Sonnentanz damals verboten war. Wir erhaschten ein paar Blicke auf die Tänzer, denen das Blut an den Brüsten herunterliefen. Es beeindruckte mich sehr, daß keiner jammerte, schrie oder wimmerte. Grimmig und stolz sahen diese Kerle aus. Ich beneidete sie und schwor mir, daß ich eines Tages auch Sonnentänzer sein würde. Beim Verlassen der Sonnentanzstätte wurden meine Freunde und ich dann tatsächlich von der BIA-Polizei festgenommen. Sie behaupteten, wir wären betrunken, und sperrten uns über Nacht ein. Es war eine glatte Lüge. Die Sonnentänzer festzunehmen trauten sie sich nicht, die hätten sich bestimmt gewehrt, aber wir jungen Teenager waren da, und wir waren Indianer. Warum also sollten sie uns nicht festnehmen? Sie taten es. Da war ich also, noch keine fünfzehn, und sammelte schon aus erster Hand Erfahrungen damit, daß die Regierung erfundene Strafanzeigen erstattete und Unschuldige einsperrte. Ich begann zu begreifen, daß mein wahres Verbrechen darin bestand, zu sein, wer ich war – ein Indianer.

Meine Sprache zu sprechen war also mein erstes Verbrechen, meine Religion auszuüben mein zweites. Als ich im gleichen Winter von einem Vorratstruck der Army Dieselöl abzapfte, um das eiskalte Haus meiner Großmutter zu heizen, wurde ich wieder verhaftet und verbrachte ein paar Wochen im Gefängnis. Es war meine erste längere Zeit im Knast. Der Versuch, meine Familie vor dem Erfrieren zu bewahren, war also mein drittes Verbrechen, der dritte Schlag gegen mich. Von nun an würde ich als »unverbesserlich« gelten. Meine Karriere als »hartgesottener Verbrecher« nahm ihren Lauf.

In jenem Jahr hatte ich geplant, zur Erntezeit auf den Kartoffelfeldern zu arbeiten, um Geld zu verdienen, damit ich mir Kleider kaufen und zur Schule zurückkehren konnte. Aber Anfang September 1958 kam früher Frost und dann ein Blizzard, so daß die gesamte Ernte vernichtet wurde. Keine Arbeit, kein Geld. Der Winter nahte schnell und unerbittlich. Es bestand keine Aussicht, zur Schule zurückzugehen. Ich hatte nur noch Lumpen anzuziehen.

Ich weiß noch, wie ich mich immer mehr für indianische Kunst interessierte, besonders für die Malerei. Als kleines Kind hatte ich einmal ein Taschenmesser im Müll gefunden, es geschliffen und angefangen, an kleinen Holzstücken herumzuschnitzen – kleine Figuren von Büffeln, Hunden und Vögeln und solchen Kram. Ich hatte zeichnen gelernt, ehe ich lesen und schreiben konnte, und es war für mich eine Art, mich mitzuteilen. Im Kunstunterricht in der Schule war ich immer einer der besten gewesen. Einmal traf ich einen Mann im Fort Totten-Reservat, der einen großen Eindruck bei mir hinterließ. Er ging von Haus zu Haus und malte für seine Kost und Logis Bilder. Ich war fasziniert von seinem Lebensstil und wie er sich den Leuten durch seine Kunst mitteilte. Das muß ein ganz wunderbares Leben sein, dachte ich mir, nur herumzureisen und seinen Lebensunterhalt als Künstler zu verdienen.

Träumer, der ich war, schrieb ich an eine Kunsthochschule in Santa Fe, von der ich gehört hatte, und bemühte mich um ein Stipendium. Sie erteilten mir eine Absage, sagten aber, ich solle es noch einmal versuchen. Ich versuchte es eine Weile später noch einmal. Die gleiche Antwort: nein. Ich frage mich häufig, was wohl aus mir geworden wäre, wenn ich dieses Stipendium bekommen hätte.

Teil IV
Meine Politisierung

Während der Belagerung
von Wounded Knee
wurden von US-Marshals,
FBI-Agenten, der Stammes-
polizei, den GOONs
und weißen Bürgerwehr-
männern insgesamt mehr
als zweihundertfünfzig-
tausend Schüsse auf
unsere Leute abgefeuert.
Die Jungs meinten es ernst.
Wir aber auch.

Kapitel 19

Als ich fünfzehn war, 1959, zog meine Mutter im Zuge des Umsiedelungsplanes der Regierung nach Portland. Ich sparte das Geld für die Busreise zusammen und machte mich auf zur Westküste, um sie zu treffen. Ich weiß noch genau, wie ich in Portland ankam. Außer meinem Namen und einer Telefonnummer, unter der ich meine Mutter erreichen konnte, besaß ich noch genau zehn Cents. Ich lief, fasziniert von all den hohen Gebäuden und dem geschäftigen Treiben am Hafen, durch Portland. Es hätte ein anderer Planet sein können, so wenig Ähnlichkeit hatte es mit dem Reservat.

Dann schlug ich mich auf eigene Faust durch, erst als Saisonarbeiter in Kalifornien, bis ich schließlich in Seattle landete, wo ich eine Zeitlang auf dem Bau arbeitete und dann Teilhaber einer Autokarosseriewerkstatt wurde. Die Etage über der Werkstatt richteten wir als provisorische Unterkunft für Indianer in Not ein – davon gab es immer genügend. Wir fingen an, Reparaturen für Freunde quasi umsonst zu machen, und es dauerte nicht lang, bis wir so tief verschuldet waren, daß wir die Werkstatt schließen mußten. Es war das einzige Mal, daß ich mich am Kapitalismus versuchte, und die Sache hatte sich wegen einer alten indianischen Schwäche zerschlagen: mit anderen zu *teilen*. Dieser Brauch macht uns als Volk reich, aber als Individuen arm.

Ich kann mich noch genau daran erinnern, wie ich eines Abends beim Fernsehen einen Bericht in den Lokalnachrichten mitbekam. Eine junge indianische Frau wurde wegen der Teilnahme an einer Demonstration für die Fischereirechte der Indianer verhaftet. Das Gesicht war ihr von den Gummiknüppeln der Polizisten blutig geschlagen worden, und sie schrie und weinte. Die Polizei ging sehr brutal bei der Verhaftung dieser Leute vor, die doch nur versuchten, ihr traditionelles Recht zu schützen.

Ich sah, wie indianische Kinder versuchten, die Netze und Fischerboote ihrer Eltern zu verteidigen, wie sie herumgeschubst und -geschoben wurden und auf ihre blutigen Knie fielen. Ihre schrillen und verängstigten Schreie, als sie die Polizei verzweifelt anflehten, ihre Netze und Boote, ihre Lebensgrundlage eben, in Ruhe zu lassen, zerrissen mir das Herz.

Während ich völlig schockiert und entsetzt zusah, erfuhr ich, daß diese Ureinwohner des Nordwestens nur auf ihren Rechten bestanden – Rechte, die ihnen in den offiziellen und immer noch bindenden Verträgen mit der US-Regierung garantiert wurden. Diese ganze turbulente Zeit hindurch hatte ich schon beobachtet, was die Regierung unschuldigen Menschen alles antat, wenn diese in ihren Augen eine wirtschaftliche oder soziale Bedrohung darstellten.

Die Sportfischer und die kommerziellen Fischer beschwerten sich. Sie sagten, die Indianer machten zu große Fänge (in Wahrheit weniger als ein Prozent des gesamten Fischfangs!). Sie forderten, daß dem ein Ende gemacht würde, ganz gleich, ob diese Ureinwohner vom Gesetz her nun das Recht hatten, in den Seen und Flüssen zu fischen, oder nicht; ganz gleich, ob sie im Austausch für nur wenig mehr als dieses Recht praktisch den ganzen nordwestlichen Pazifik aufgegeben hatten. Der Fernsehreport zeigte den krassen Unterschied zwischen den indianischen Fischern in ihren kleinen Booten und den drei bis fünf Kilometer langen Schleppnetzen und riesigen Fischereischiffen der kommerziellen Fischer. Um dem Beharren auf ihren Rechten Nachdruck zu verleihen, hatten die ansässigen Indianer eine Reihe von »Fish-ins« organisiert, auf die die Gegenseite nun mit diesen scheußlichen, von der Regierung unterstützten Gewaltaktionen reagierte.

Ich hatte mich aus der Politik herausgehalten, um meinen Lebensunterhalt zu verdienen, aber die Szene, die ich da gerade im Fernsehen miterlebt hatte, rüttelte mich wach. Sie wirkte wie ein Elektroschock auf meine schlafende, indianische Seele. So jung ich auch war, fühlte ich doch, daß ich den Kampf der Ureinwohner nicht länger ignorieren konnte, so lange auch nur ein Indianer mißhandelt wurde. Wie so viele andere, die in den sechziger Jahren aus ihrer Ergebenheit und Lethargie und Gleichgültigkeit erwachten, beteiligte ich mich am Kampf für Bürger-, Menschen- und Indianerrechte. Ich beschloß, von diesem Tag an alles in meiner Macht Stehende zu tun, um meinem Volk zu helfen, wohin ich in Amerika auch ging.

Kapitel 20

Fast die ganze zweite Hälfte des 20. Jahrhunderts hindurch hatte die Regierung versucht, uns loszuwerden, indem sie uns auf den vielfarbigen Rassenhalden der Innenstädte ablud. Aber das ungewollte Ergebnis der Umsiedelung war, daß es zwischen der Außenwelt und der Isolation der Reservate zu einem neuen Ideen- und Gedankenaustausch kam. Die neue, unterprivilegierte Klasse der »urbanen Indianer« entwickelte schnell politisches Gespür und wurde Teil des breiten Spektrums an aktivistischen oder gar militanten Bewegungen, die sich damals in allen Gesellschaftsschichten bildeten. Anstatt defensiv auf die Parolen des weißen Mannes, »Auflösung« und »Umsiedelung«, zu reagieren, begannen die Indianer innerhalb und außerhalb der Reservate, ernsthaft und leidenschaftlich über »Souveränität«, »Vertragsrechte«, »Wiedergutmachungen« und die »Rückgabe des Landes unserer Ahnen« zu diskutieren.

Aus diesem Tumult heraus wurde in Minneapolis das American Indian Movement (AIM) geboren – mit Clyde Bellecourt, Dennis Banks und George Mitchell als Gründern. Alle drei waren Ojibway-Absolventen der höheren Schule für Indianer: der Minnesota-Besserungsanstalt. Das AIM breitete sich auf andere urbane Zentren im ganzen Land aus und war Anziehungspunkt – beziehungsweise Keimzelle – für eine ganz neue Verbrecherkartei indianischer Aktivisten. Der Versuch, uns zu zerschlagen, hatte uns stärker gemacht, bewußter, engagierter. Jeder von uns war gewillt, für unsere Sache sein Leben zu riskieren: für das bloße Überleben der indianischen Völker.

Bei solchen Wurzeln war klar, daß ich mich an immer neuen AIM-artigen politischen Gruppen und Aktionen beteiligen würde. Das Wachstum des Indian Movement und die Geschichte des AIM sind eng mit meiner persönlichen Geschichte verwoben. Mitte der sechziger Jahre setzte ich mich im Nordwesten für den Kampf um die indianischen Fischereirechte ein. Ende der sechziger Jahre war ich in der Antikriegsbewegung aktiv. Als 1970 die Übernahme der Insel Alcatraz noch im Gange war, erhoben wir schon Anspruch auf staatlichen Grundbesitz bei Fort Lawton außerhalb von Seattle, der von der Regierung nicht mehr genutzt wurde. Wir fanden Anregungen in den Botschaften von AIM-Führern wie Dennis Banks, John Trudell, Russell Means, Eddie Benton-Banai sowie Clyde und Vernon Bellecourt – alles Menschen mit Fehlern, aber Menschen, die mit ihren Visionen, ihrer Tapferkeit und ihren hitzigen Worten einer ganzen Generation indianischer Menschen, mich selbst eingeschlossen, eine Stimme verliehen.

So entsprang aus dem scheinbaren Tod ein neues Leben, eine neue Vision, ein neues Erblühen der indianischen Lebensweise. Anstatt zu verschwinden, uns als Volk aufzulösen, wie man es von uns erwartete, fanden wir im Menschenkessel der Städte zu einem neuen sozialen Bewußtsein, einem neuen Selbstverständnis. In den Städten, wo wir den wachsamen Augen von Big Brother BIA im Reservat entkommen waren, entwickelten wir politische Gewieftheit. Man darf nicht vergessen, es war die Zeit der Vietnamkriegsgegner, der Neuen Linken, des Black Power, von Kent State und Watergate, von der Symbionese Liberation Army und den Weathermen. Die Idee des Red Power war unausweichlich. Wir mußten nicht erst eine Sache suchen, für die es zu kämpfen galt. Wir waren schon damit geboren worden: das bloße Überleben unserer Leute als Volk.

Eine neue Generation von Kriegern im Geiste wurde geboren und im Rassensumpf von Amerikas Städten großgezogen, zähe junge Männer und Frauen mit Köpfchen, Bewußtsein, redegewandt und mit Mumm in den Knochen, die sie sich bereitwillig hätten brechen lassen für diese kompromißlose, neu aufgekommene Idee: das Volk. Ja, das Volk. Dies war kein Kommunismus. Die Kommunisten waren uns vollkommen gleichgültig. Dies war kein Anti-Amerikanismus. Wir hatten keine Erwartungen an Amerika, außer, daß es seinen eigenen Gesetzen, seiner eigenen Verfassung gerecht werde. Dies war kein Anti-*irgend-*

was. Dies war *Pro*-Indianismus. Etwas Neues, eine Verflechtung der traditionellen indianischen Lebensweise und der spirituellen Werte mit urbanem politischem Durchblick und der absoluten Hingabe an unsere Sache. Die Regierung wich schließlich von ihrer vollkommen mißlungenen Politik der »Auflösung« ab. Man sah ein, daß sie nicht funktionierte und wir nur stärker, »hartgesottener« daraus hervorgingen. Also stoppte sie ihre Maßnahmen. Aber wir wußten, daß sie sich bald wieder sammeln und andere, subtilere Wege suchen würde, um uns zu vernichten.

Kapitel 21

Das AIM war der US-Regierung in dieser unruhigen Zeit kein großer Dorn im Auge. Im nationalen politischen Bewußtsein waren wir nicht vertreten, geschweige denn im nationalen Gewissen. Die Indianer waren Amerika in Wahrheit scheißegal – so lange wir nicht solche Besetzungen wie die von Alcatraz, Fort Lawton, vom BIA-Gebäude in Washington D.C. und von Wounded Knee zu Wege brachten. Und selbst dann war die Öffentlichkeit eher amüsiert oder höchstens leicht irritiert als wirklich betroffen. Durch die Ignoranz und Gleichgültigkeit der Öffentlichkeit konnte sich ein Krebsgeschwür im amerikanischen Staatskörper ausbreiten, das auch heute noch ungehindert weiterwächst. Die Bundesregierung – oder, um genauer zu sein, bestimmte Elemente in ihr – machte sich auf unzähligen subtilen und weniger subtilen Wegen daran, uns zu vernichten. Sie verbargen sich unter dem üblichen Deckmantel der »nationalen Sicherheit«, um ihre dreckige Arbeit zu verrichten. Ihre Taktik sah so aus: Vergiß das Gesetz, das Gesetz ist nur für Dumme, bieg dir das Gesetz so zurecht, wie du es brauchst, um an deinen Mann heranzukommen, egal, ob er unschuldig ist. Bestich das gesamte Rechts- und Justizsystem, lüge, wann immer nötig, um das Augenmerk der Untersuchung nicht von deinen Opfern auf deine eigenen Verbrechen zu richten.

Ich muß gestehen, es hat hervorragend funktioniert. Im Namen des Gesetzes haben sie jedes niedergeschriebene Gesetz gebrochen. Und indem sie mich – und wie viele andere Unschuldige? – mit ihren kaltblütigen Methoden in eine Zelle oder ein Grab verfrachteten, haben sie aus der Verfassung der Vereinigten Staaten einen Groschenroman gemacht.

In den späten sechziger Jahren waren wir es leid geworden, daß die Regierung die politische Tagesordnung bestimmte. Wir beschlossen, die Dinge selbst in die Hand zu nehmen. Wenn ich »wir« sage, meine ich jeden von uns, der oder die sich als Einzelperson engagierte – Indianer aus Städten, aus Reservaten oder solche, die wie die meisten von uns irgendwo dazwischenhingen. Es gab keine Dachorganisation, die formelle Verhaltensweisen festlegte. Es gab nur Einzelpersonen und Gruppen von gleichgesinnten Einzelpersonen, die in einer Art reiner Demokratie zusammenarbeiteten, eine ungeordnete und doch irgendwie zusammenhängende Gemeinschaft von Führern. Das war und ist das AIM, keine subversive Verschwörung, kein radikaler Mob, sondern eine Gemeinschaft von Führern, die in losem Einklang zusammenarbeiteten und entscheidende Wege einschlugen, um ein politisches und spirituelles Ziel zu erreichen: das Überleben unseres Volkes.

Die Leute fragen mich häufig, welche Position ich im AIM – im American Indian Movement – hatte oder habe. Dies erfordert eine Erklärung.

Das AIM ist keine Organisation. Das AIM ist, wie der Name schon deutlich sagt, eine Bewegung. Organisationen kommen und gehen innerhalb dieser Bewegung. Das AIM wird nicht von einem einzelnen Menschen oder einer bestimmten Gruppe geleitet. Man darf das AIM nicht mit einer Einzelperson oder mehreren Einzelpersonen verwechseln, die sich AIM auf ihr Banner schreiben – egal, wie würdig oder unwürdig sie dessen sind. Das AIM ist das Volk.* Das AIM wird noch fortbestehen, wenn jeder von uns, der heute lebt, gestorben ist. Das AIM wird in jeder Generation neue Führer heranziehen. Crazy Horse gehörte zum AIM. Sitting Bull gehörte zum AIM. Sie gehören immer noch zu uns, und wir gehören zu ihnen. In diesem Moment sind sie bei uns.

Ich habe im Laufe der Jahre eine Menge Kritik an den oft im Widerspruch zueinander stehenden Führern und Sprechern vom AIM gehört ... an Männern wie Dennis Banks und Leonard Crow Dog und Eddie

* A.d.Ü.: Dieser Satz hat eine Doppelbedeutung, da AIM auch das englische Wort für »Ziel« ist. Die Bedeutung des Begriffes »AIM« hat laut Mary Crow Dog bei der Namensgebung der Bewegung auch eine Rolle gespielt.

Benton-Banai und den Means-Brüdern und den Bellecourts und John Trudell und vielen anderen. Keiner von ihnen war – oder ist – vollkommen, genausowenig wie ich. Aber dies waren die Männer, die für ihr Volk aufgestanden sind, als die Zeit dafür gekommen war. Sie hätten weggehen können, hätten ihre Augen abwenden, allem den Rücken kehren und den einfachen Ausweg wählen können. Das taten sie nicht. Jeder von ihnen stellte sich allein allem Widerstand entgegen und steckte die Schläge ein, die gegen ihr Volk gerichtet waren. Sie nahmen das Leiden ihres Volkes als ihr eigenes an. Sie lebten dieses Leiden. Welche Fehler diese Männer auch hatten oder haben, wir sollten sie ehren. Sie haben in den Lauf der Geschichte eingegriffen. Sie haben uns den Stolz und den Glauben an uns selbst gegeben, den wir so verzweifelt brauchten und ersehnten. Sie haben ihr eigenes Fleisch für ihr Volk geopfert und andere gelehrt, gleiches zu tun. Sie haben uns gezeigt, daß wir existieren!

Aber mehr noch, mit noch tieferer Dankbarkeit möchte ich hier jene ehren, deren Namen nicht so gut bekannt sind, jene, die die Barrikaden in Alcatraz und Fort Lawton und Wounded Knee und Oglala und an tausend anderen Orten besetzten. Jene, deren Namen nie in die Schlagzeilen kamen, aber deren Aufopferung, Tapferkeit und Selbstlosigkeit genau das ist, worum es im Wesen der Indianer geht, worum es im Wesen des AIM geht und was den Geist von Crazy Horse ausmacht. Jeder von ihnen, ob männlich, weiblich, jung oder alt, stellte sich in Zeiten großer Gefahr und noch größeren Verzichts ohne jede Erwartung an persönlichen Ruhm oder eine Belohnung kühn dem Feind entgegen, noch bekamen sie je irgendeinen Lohn. Sie taten es für das Volk, weil es getan werden mußte, weil es niemanden sonst gab, der es tat. Für viele von ihnen bestand die einzige Anerkennung darin, daß ihr Name in einen provisorischen Grabstein eingeritzt wurde. Es ist eigentlich nicht zutreffend zu sagen, ich ehre sie – denn sie sind es umgekehrt, die für mich eine Ehre sind, die für uns alle eine Ehre sind.

Eine Sache möchte ich noch zum AIM sagen. Es gibt beim AIM keine Mitläufer. Wir sind alle Führer. Jeder von uns ist eine Ein-Mann-Armee, die für das Überleben unseres Volkes und unserer Mutter, der Erde, kämpft. Das ist keine leere Phrase. Das ist Hingabe. Das ist es, was wir sind.

Kapitel 22

Im November 1972 trugen wir in einer Massendemonstration für die Rechte der Indianer unsere Klagen nach Washington D.C. Wir nannten diese Wanderung und Demonstration quer durch das Land »The Trail of Broken Treaties« (Marsch der gebrochenen Verträge). Wir hofften, eine Reihe umfassender Gespräche mit Regierungsabteilungen organisieren zu können, in denen wir unser Anliegen von zwanzig entscheidenden Punkten diskutieren wollten. Unter anderem sollte eine Grunderneuerung der BIA-Strukturen erreicht werden, so daß die Leitung zukünftig in indianischer Hand läge, und es sollte eine Kommission zur Untersuchung der Vertragsbrüche seitens der US-Regierung eingesetzt werden. Als Regierungsbeamte das Versprechen brachen, uns zu empfangen, und versuchten, uns von Wachleuten des BIA aus dem Gebäude werfen zu lassen, wandelte sich, was ein friedliches Treffen hätte werden sollen, in ein spontanes Sit-in. Als die Wachleute begannen, bei unseren Frauen und Ältesten Gewalt anzuwenden, eskalierte das Sit-in, und es kam zu einer erbitterten Konfrontation.

Wir hatten nicht vor, umzukehren und wegzurennen. Der Geist von Crazy Horse war bei uns. Wir nahmen das mitten in der Innenstadt von Washington liegende BIA-Gebäude ein, gestatteten allen Angestellten, das Gebäude friedlich zu verlassen, und besetzten es fünf Tage lang – zur großen Entrüstung der amerikanischen Öffentlichkeit, die wie gewöhnlich vollkommen falsche Informationen darüber hatte, was passiert war und warum. Wir wurden in der Presse als »Ganoven«, »Rowdys« und »gewalttätige Militante« dargestellt. Ja, wir »plünderten« das BIA-Gebäude. Wir suchten Akten, die die Doppelzüngigkeit der Regierung gegenüber uns Indianern enthüllen würden – und fanden sie im Überfluß. Wir stapelten Schreibtische und alles, das wir finden konnten, zu Barrikaden aufeinander, um uns gegen die von der Regierung angedrohte Erstürmung zu schützen. Wir zerschlugen die Scheiben der Fenster, damit sie uns nicht mit Tränengas ersticken und zum Herauskommen zwingen konnten. Die Polizei selbst zerschlug die meisten Fenster der unteren Stockwerke. Zugegeben, einige der Jüngeren, die durch die Lügen und brutalen Mißhandlungen der Regierung in Rage waren, fingen einfach an, Gegenstände kaputtzuschlagen. Aber das unterbanden wir schnell. Ich weiß noch, wie Clyde Bellecourt verkündete, für jedes zerbrochene Fenster des BIA-Gebäudes gäbe es im indianischen Land zehntausend Herzen, die das BIA zerbrochen hatte. Er hätte hunderttausend sagen sollen, oder gar eine Million – das wäre der wahren Zahl näher gekommen.

Ein alter Mann, der sein Leben lang Opfer des BIA gewesen war, nahm eine Axt, die neben dem Feuerlöscher hing, sprang auf den großen Mahagonischreibtisch des BIA-Leiters und schlug ihn entzwei! Er lachte und weinte dabei wie in Ekstase und sang beim Zuschlagen sein Todeslied. »Da hast du's … nimm *das* … und *das* … und *das*!«, schrie er keuchend zwischen seinen Gesängen und rächte mit jedem Schlag ein vergangenes Unrecht. Das Ganze war von einer gewissen Schönheit. In diesem Moment war er die Inkarnation von Crazy Horse.

Draußen waren Polizisten und mobile Einsatzkommandos in Stellung gegangen. Wenn sie ein Blutbad wollten, sollten sie es haben. Wir waren darauf vorbereitet, Schreibtische, Schreibmaschinen, Aktenschränke und Molotowcocktails aus den Fenstern regnen zu lassen, sollten sie das Gebäude stürmen. Einige der Krieger hatten ihre Kriegsbemalung aufgelegt. Jeder von uns war Crazy Horse. Angesichts unserer Entschlossenheit überlegte die Regierung es sich zweimal: Ein Massaker veranstalten, in dem vierhundert Indianer ermordet würden, ein paar Blocks vom Weißen Haus entfernt, nur Tage vor den Präsidentschaftswahlen 1972? Auf keinen Fall. Das FBI beschloß, der Sache erst einmal ein Ende zu setzen und uns später einen nach dem anderen einzeln zu jagen. Und genau das taten sie tatsächlich. Das war der Zeitpunkt, als mein Name als Sicherheitschef bei der BIA-Besetzung ganz oben auf ihren geheimen Abschußlisten landete, als »AIM-Agitator« und »Schlüsselfigur der Extremisten«. Sie hatten mich schon bei der Übernahme von Fort Lawton verhaftet. Jetzt war ich gebrandmarkt.

Schließlich begann die Regierung, mit uns zu verhandeln, aber nur darüber, daß die Besetzung des BIA-Gebäudes beendet werden sollte, nicht über die zwanzig Klagepunkte unserer ursprünglichen Liste. Wir fanden, daß wir einen Punkt zumindest verdeutlicht hatten – daß wir existierten! Das hatten wir bewiesen. Die Regierung versprach, sich mit unseren Klagepunkten zu befassen (was sie nie tat), und sie versprach, uns wegen der BIA-Besetzung nicht zu verklagen (ein leeres Versprechen wie alle anderen). Wir glaubten ihnen sowieso nicht. Um die Situation zu entschärfen und ihre peinliche Lage zu beenden, stellten sie uns tatsächlich Fahrzeuge zur Verfügung und ließen uns frühmorgens von der Polizei aus der Stadt eskortieren. Außerdem gaben sie uns unter der Hand Geld für die Rückreisekosten. Einige der Ältesten erhielten sogar Fahrkarten erster Klasse zurück nach Hause! Die Regierung dachte, daß sie uns nur einmal mehr unter den Teppich gekehrt hatte.

Aber diesmal ließen wir uns nicht wegkehren.

Kapitel 23

Nach der Besetzung des BIA ging ich zurück nach Milwaukee, wohin ich 1972 gezogen war, um in der örtlichen AIM-Gruppe Arbeitsvermittler zu werden. Ich suchte Jobs für Indianer in Gewerkschaften und arbeitete in einem Rehabilitationsprogramm für Alkoholiker. Ich fand außerdem zunehmend Interesse an der spirituellen Seite des AIM, an der spirituellen Basis für unsere politische Arbeit. Man kann die beiden in der indianischen Lebensweise nicht voneinander trennen. Das Politische und das Spirituelle sind dasselbe. Man kann nicht an eine Sache glauben und dann losgehen und etwas anderes tun. Woran du glaubst und was du tust, ist dasselbe. Die indianische Lebensweise macht es absolut notwendig, deinen Leuten zu helfen, wenn du sie leiden siehst. Es ist kein sozialer Akt der Wohltätigkeit oder Sozialfürsorge, es ist eine spirituelle Handlung, eine heilige Tat. Die Krieger und die Friedenshäuptlinge verrichten nach der indianischen Lebensweise beide heilige Arbeit. Im Grunde ist jeder Indianer, jeder einzelne von uns, selbst ein Krieger *und* Friedenshäuptling. Wir alle suchen Frieden und sogar die Versöhnung mit der herrschenden Gesellschaft, aber jeder einzelne von uns ist auch bereit, bis zum Tod für das Überleben unseres Volkes zu kämpfen. Jeder einzelne Indianer, ob Mann, Frau, Kind oder Ältester, ist ein Krieger im Geiste.

In Milwaukee wurde ich in einen merkwürdigen und beunruhigenden Vorfall verwickelt. Wir waren erst ein paar Wochen zuvor von der Besetzung des BIA in Washington D.C. zurückgekehrt, und ich war mit ein paar Kumpels zum Essen in ein kleines Lokal gegangen. Ein paar Männer an einem Tisch neben uns fingen an, mit den Fingern auf uns zu zeigen, prusteten vor Lachen und ließen ein ganzes Arsenal von Anspielungen und rassistischen Beschimpfungen auf uns los. Keine Chance, sie als Bullen in Zivil zu erkennen.

Als wir gehen wollten, standen diese zwei Typen direkt in der Tür und blockierten den Weg. Sie zeigten immer noch auf uns, prusteten und hielten sich die Bäuche vor Lachen. Es war unmöglich, sie zu ignorieren. Sie wollten uns provozieren – und zwar aus weit mehr Gründen, als ich wissen konnte. Ich musterte die beiden. Ich wußte, daß wir die Scheiße aus ihnen herausprügeln konnten.

»Was ist so lustig?« fragte ich sie. Ich hatte eine Mordswut im Bauch und war bereit loszulegen. Darauf waren sie ja offensichtlich aus. Aber in der gleichen Sekunde, in der ich das sagte, noch bevor ich einen einzigen Schlag landen konnte, wurden mir die Läufe von zwei 357er Magnums direkt an den Kopf gehalten. Meine beiden Kumpels hauten ab, und ich taumelte rückwärts ins Restaurant zurück. Ich rechnete mir aus, daß sie Skrupel haben würden, mich vor Zeugen zu erschießen.

»Ich ergebe mich! Ich ergebe mich!« schrie ich mit erhobenen Händen, damit alle mich sehen und hören konnten. Schließlich erklärten sie, sie seien Polizisten, legten mir auf der Stelle Handschellen an, zerrten mich nach draußen und warfen mich mit dem Kopf zuerst in einen Polizeiwagen, der schon auf sie wartete. Sie filzten mich und fanden eine kaputte alte Baretta, die ich gerade einem Typ für zwanzig Dollar abgekauft hatte, in der Hoffnung, sie reparieren lassen zu können. Später sagten die Bullen, ich hätte damit auf sie gezielt und mehrmals versucht, direkt auf sie zu feuern, aber die Pistole habe geklemmt. Das war natürlich eine Lüge – jene Lüge, die mir die fadenscheinige Anklage wegen versuchten Mordes einbrachte. Wie später im Gericht bewiesen wurde, war die Pistole kaputt und unbrauchbar, was sowohl sie als auch ich sehr wohl wußten. Nicht einmal zum Schein habe ich danach gegriffen. Ich landete auf dem Stahlboden des Polizeiwagens, Kinn am Boden, Hände auf dem Rücken gefesselt, den Kopf zum Schutz vor ihren Schlägen unter der Rückbank eingeklemmt, und versuchte mich zu schützen, während sie mich zusammenschlugen. Ich merkte nicht mehr, wie oft sie mich mit Ellenbogen, Knien und Füßen traktierten. Später hörte ich, daß einer von ihnen sich eine Hand dabei so stark verletzte, daß er sich ein paar Tage freinehmen mußte, der arme Kerl.

So wird's also gemacht. Man nimmt uns auf's Korn, lockt uns in die Falle, verhaftet uns, schlägt uns völlig zusammen, hängt uns 'ne faule Klage an, zerrt uns vor Gericht, bringt uns in den Knast und läßt uns an den Gerichtskosten verarmen, auch wenn wir nicht das Geringste getan haben. Das, so erfuhren wir später, nennt das FBI »neutralisieren«, und ich muß sagen, solange man nichts als Verachtung für das Gesetz und die Verfassung der Vereinigten Staaten empfindet, ist diese Strategie ungemein effektiv.

Viel später, während der Verhandlung in Milwaukee, erfuhren wir, daß einer der Bullen sich am Abend zuvor bei seiner Freundin damit gebrüstet hatte, er würde einen »ganz großen Fisch« für das FBI fangen, und ihr mit einem Foto von mir vorm Gesicht herumgewedelt hatte. Der Aufbau des Ganzen war klar: faule Anklage erheben, faule Verhandlung führen, faules Urteil sprechen. Es war alles geplant. Ich mußte nur noch das Opfer für sie spielen. Das hatte ich nicht vor.

Mein Volk befand sich genau zu der Zeit an einem kritischen Punkt unserer Geschichte. Jeder wurde für die bevorstehende Konfrontation gebraucht. Noch während der fünf Monate, die ich mit dieser faulen Klage am Hals in Handschellen in einem Gefängnis von Milwaukee saß, explodierte die Situation im Pine Ridge-Reservat in South Dakota. Die Besetzung und Belagerung von Wounded Knee begann am 27. Februar 1973. Ach, hätte ich doch dabei sein können!

Bevor sich die Gefängnistüren endgültig hinter mir schlossen, nutzte ich meine augenblickliche Freiheit, um abzuhauen. Ende April hatten Freunde überraschenderweise erreicht, daß ich auf Kaution freikam. Wie ein Schatten schlüpfte ich aus der Stadt, und bald wurde nach mir gefahndet, als ich nicht zur Vorverhandlung erschien. Ich fühlte mich ungefähr genauso schuldig, als ich vor meinen Unterdrückern floh, wie ein Jude in Nazideutschland auf der Flucht vor der Gestapo. Genau wie die Juden wurde ich dafür verfolgt, wer ich war. Erst 1978, als ich schon aufgrund dieser anderen Reihe falscher Anklagen wegen der Schießerei 1975 in Oglala verurteilt und eingesperrt worden war, mußte ich mich dieser ersten fadenscheinigen Anklage wegen versuchten Mordes in Milwaukee stellen. Ich wurde für nicht schuldig befunden. Die Amtsvergehen der Regierung waren in diesem Fall so offensichtlich und plump gewesen, daß die Jury mich freisprach.

Zu dem Zeitpunkt befand ich mich natürlich schon seit drei Jahren wegen anderer erstunkener und erlogener Anklagen hinter Gittern. Die erste Reihe von Anklagen machte mich zu einem Flüchtling, brachte mich in die Top Ten der Gesuchten des FBI und machte mich mürbe für die zweite Reihe von Anklagen, wegen der ich die letzten dreiundzwanzig Jahre hinter Gittern verbracht habe. Derselbe »hartgesottene Verbrecher«, der es als Junge gewagt hatte, seine eigene Sprache zu sprechen und seine Religion auszuüben, wurde nun als junger Mann wegen zweier Verbrechen, die er nie begangen hatte, gejagt wie ein Tier – hinterlistiger noch als jedes Tier. Und dabei hatten meine Ankläger diese zwei Verbrechen in Wahrheit selbst erfunden. Mein Leben hatte sich urplötzlich in einen Alptraum verwandelt, aus dem ich bis heute nicht erwacht bin.

Jahre später enthüllten Dokumente, die meine Verteidiger im Zuge des Freedom of Information Act aufdeckten, den Plan des FBI, Anführer des AIM durch die örtliche Polizei »unter strenge Bewachung zu stellen und sie … unter jedmöglichem Vorwand festzunehmen«. Wir sollten ganz einfach, mit Worten des FBI, »neutralisiert« werden. Das erklärt den Komplott der zwei Polizisten in Milwaukee gegen mich. Was soll man sagen. Sie taten nur ihre Arbeit; sie waren an einer illegalen Verschwörung der Regierung beteiligt, um eine ganze Generation indianischer Aktivisten fälschlich zu beschuldigen und einzusperren – wenn nicht gleich umzubringen. Nichts anderes haben sie gemacht.

Kapitel 24

Die Belagerung von Wounded Knee war fast vorbei, als ich auf Kaution freikam. Ich wollte auf jeden Fall dorthingehen und mich meinen belagerten Brüdern und Schwestern anschließen. Ich sehnte mich aus ganzem Herzen danach, bei ihnen zu sein. Gleich an meinem ersten Tag in Freiheit ging ich auf eine Demonstration des AIM vor dem Regierungsgebäude in Milwaukee und begann, Nachschub für die Leute in Wounded Knee zu organisieren. Wir waren mit den Nahrungsmitteln auf dem Weg dorthin, als wir im Radio hörten, daß die Belagerung beendet sei. Ich fühlte mich regelrecht schuldig, es verpaßt zu haben. Gern hätte ich dort mein Leben eingesetzt, aber das war nicht nötig. Meine Zeit, Opfer zu bringen, würde noch zeitig genug kommen.

Nachdem in Wounded Knee zwei von unseren Besetzern – die AIM-Mitglieder Frank Clearwater und Buddy Lamont – aus dem Hinterhalt erschossen worden waren und die Regierung versprochen hatte, sich um die Mißachtung der alten Verträge zu kümmern, entschieden die traditionellen Häuptlinge von Pine Ridge, daß genug Indianer gestorben waren. Die Ältesten, die das AIM überhaupt erst dorthin gebeten hatten, um sie vor den Verwüstungen des Stammesrates und seinen paramilitärischen Angriffstruppen namens GOONs (Guardians of the Oglala Nation) zu schützen, willigten schließlich ein, die Besetzung zu beenden.

Am 9. Mai – nach einundsiebzig Tagen – erklärten sich die erschöpften, aber immer noch stolzen Besetzer bereit, herauszukommen und sich widerstandslos verhaften zu lassen. Wounded Knee II war vorbei, aber Auswirkungen hat es noch heute. Es bleibt der Wendepunkt der derzeitigen rot-weißen Beziehungen. Gerichtsunterlagen zufolge wurden während der Belagerung von Wounded Knee von US-Marshals, FBI-Agenten, der Stammespolizei, den GOONs und weißen Bürgerwehrmännern insgesamt mehr als zweihundertfünfzigtausend Schüsse auf unsere Leute abgefeuert. Die Jungs meinten es ernst.

Wir aber auch.

Nach meiner Freilassung aus dem Gefängnis in Milwaukee pendelte ich zwischen South Dakota und Washington State hin und her und nahm weiterhin aktiv am Kampf teil. In jenem August 1973 nahm ich in Crow Dog's Paradise im Rosebud-Reservat östlich von Pine Ridge am Sonnentanz teil. Dort wurde ich endlich das erste Mal durchstochen. Ich verwirklichte meinen Traum, den ich seit dem Tag gehabt hatte, an dem ich als Teenager den Sonnentanz in Turtle Mountain durch den Zelteingang beobachtet hatte. Ich fühlte mich verwandelt, auf eine neue spirituelle Ebene gehoben. Jetzt hatte ich nicht nur meine Zeit, meinen Einsatz und meine Hingabe der Sache meines Volkes geopfert; ich hatte mein Fleisch gegeben.

Im gleichen Monat wurde Haftbefehl gegen mich erlassen, weil ich nicht zum angesetzten Vorverhandlungstermin in Milwaukee erschienen war. Nun befand ich mich offiziell auf der Flucht. Aber im indianischen Land gibt es viele Ecken und Winkel, in denen jemand auf der Flucht vor der Polizei Schutz finden kann. Wir schlüpfen immer wieder über die unsichtbare und doch so reale Grenze zwischen den Vereinigten Staaten und Great Turtle Island. Man könnte sagen, daß ich in diesen Monaten nach Great Turtle Island floh.

Flucht hin oder her, ich machte mich im fortgehenden Kampf weiter nützlich. Eine Zeitlang schloß ich mich wieder den Kämpfen um das Fischereirecht der Nisqually und Puyallup in Washington State an. Die Gerichte hatten zwar zu unseren Gunsten entschieden, aber die Sportfischer und kommerziellen Fischer fuhren trotzdem fort, unsere Boote zu zerstören, unsere Netze zu zerreißen und Indianer zu verprügeln – alles ohne die geringste Sorge, dafür verhaftet zu werden. Da das Gesetz uns nicht schützte, taten wir unser bestes, uns selbst zu schützen. Dann kehrte ich nach South Dakota zurück, um als Sicherheitskraft bei der Beerdigung des als Märtyrer gestorbenen Pedro Bissonette dabei zu sein. Er war Hauptsprecher der traditionellen Lakota-Häuptlinge in Pine Ridge gewesen. Er wurde von der BIA-Polizei getötet, kurz bevor er in den Verhandlungen über Wounded Knee II für die Verteidigung hätte aussagen sollen.

Im Mai darauf kehrte ich nochmals für eine Weile nach Rosebud zurück und fungierte als Sicherheitskraft bei Crow Dogs Revival der alten Geistertanzzeremonie. Es war eine visionäre Wiedergeburt, die uns ein lebendiges Gespür dafür vermittelte, inwieweit Wounded Knee I von 1890 und Wounded Knee II von 1973 spirituell miteinander verbunden waren und sich beeinflußten. Als Krieger im Geiste fühlte ich mich von jeder Konfrontation angezogen. Im Januar 1975 machte ich bei der Besetzung einer ungenutzten Kirche in Gresham, Wisconsin, durch die Menominee Warrior Society mit. Den Monat darauf war ich bei der acht Tage andauernden Besetzung eines Fabrikationsbetriebes im Navajo-Reservat in Arizona dabei, wo indianische Angestellte mißhandelt worden waren. Eine Delegation von Navajo-Frauen kam zum AIM und erzählte haarstäubende Geschichten über eine Gruppe von Navajo-Männern und -Frauen, die sich aufgelehnt hatten und die man daraufhin brutal ermordet hatte. Es zerriß mir das Herz, wie diese Frauen um Hilfe baten. Und wieder taten wir unser bestes, zu helfen. Ja, ich bin auf Trab geblieben. Es wächst nicht viel Gras unter den Füßen von jemandem, der auf der Flucht ist – oder ein Krieger im Geiste.

Kapitel 25

Nach Wounded Knee hatte sich das Leben im Pine Ridge-Reservat noch verschlimmert und in einen wahren Alptraum verwandelt. Die GOONs verübten noch mehr terroristische Anschläge auf traditionell gesinnte Indianer und deren Anhänger. AIM-Mitglieder wurden getötet, zu Krüppeln geschlagen oder verwundet: zweihundertsechzig Todesfälle wurden bislang registriert. Einem neunjährigen Mädchen wurde beim Spielen vor dem Blockhaus ihrer Eltern ein Auge ausgeschossen, als GOONs im Vorbeifahren mit Maschinengewehren auf das Haus feuerten. Die Mordrate war astronomisch hoch für ein Reservat von knapp zwanzigtausend Menschen. Zwischen 1977 und 1978 untersuchte und erfaßte das General Accounting Office sechzig Morde an Indianern, die sich zwischen 1973 und 1975 ereignet hatten. Irgendwann hörten sie auf zu zählen und stellten die Untersuchungen »mangels finanzieller Mittel« ein. Diese schreckliche Zeit ist bis heute als »reign of terror« (Schreckensherrschaft) in Erinnerung geblieben.

Allein im März 1975 kamen sieben Menschen durch Gewaltanwendung ums Leben. Alle diese Todesfälle blieben ungeklärt, obwohl sich zu der Zeit ein Schwarm von mehr als fünfzig FBI-Agenten im Pine Ridge-Reservat befand (vor 1973 waren es, wenn überhaupt, nur ein oder zwei Agenten in dieser Gegend). Je mehr FBI, desto mehr Morde hatten wir auch, so schien es. Die traditionellen Ältesten der Oglala Lakota in Pine Ridge sandten einen Hilferuf aus. Sie baten das AIM, der Nation der Oglala zu helfen und sie vor diesen Angriffen zu schützen. Eine Reihe von Kriegern, darunter auch ich, erklärte sich bereit zu gehen. Wir verstanden uns jedoch auf keinen Fall als eine militärische oder paramilitärische Gruppe. Wir wollten niemanden angreifen, töten oder einschüchtern, wir wollten uns nur mit unseren Körpern, unseren Gebeten und unseren paar Waffen zur Verteidigung zwischen die GOONs und die Traditionalisten stellen. Wir nannten uns ein spirituelles Camp, und das waren wir auch wirklich. Wir waren Krieger im Geiste, keine bezahlten Söldner. Wir wollten den Frieden, keinen Konflikt. Die Gewalt ging von der anderen Seite aus, nicht von uns. Die Gewalt war absolut unprovoziert und offenkundig von langer Hand geplant. Und ebenso offenkundig ging ihr Plan nicht auf.

Ich kann nicht glauben, daß das FBI den Tod der eigenen Agenten beabsichtigt hat. Ihre lahme Ausrede für das tölpelhafte und widerrechtliche Betreten des Anwesens durch die beiden Agenten an jenem Morgen war, daß jemand festgenommen werden sollte, der angeblich ein Paar alte Cowboystiefel gestohlen hatte.

Das ist einfach unglaubwürdig – sie hatten nicht einmal einen Haftbefehl, noch paßt es mit der Tatsache zusammen, daß in der unmittelbaren Umgebung Dutzende, ja, Hunderte von FBI-Agenten, Bundespolizisten, BIA-Polizisten und GOONs in Bereitschaft standen. Es sieht vielmehr danach aus, als hätten sie geglaubt, sie könnten unter diesem fadenscheinigen Vorwand in unser spirituelles Camp hereinplatzen, schauen, ob wir Widerstand leisten, und dann mit allen Kräften in das Gelände einfallen.

Sie täuschten sich, und das erwies sich für uns alle als tragisch. Die Regierung selbst hatte die Schrekkensherrschaft inszeniert, indem sie Wagenladungen von GOONs bewaffnet und ausgerüstet hatte. Da diese nun Tag für Tag das Reservat zusammenschossen, wollten wir Krieger im Geiste vom AIM nicht einfach ruhig dasitzen und abwarten, wer sich wohl in den zwei fremden Autos befand, die an jenem Morgen unangekündigt in einer Wolke aus Staub, Verwirrung und schwirrenden Kugeln auf unser Gelände gebraust kamen. Wir verteidigten die Menschen, zu deren Verteidigung wir gekommen waren, und wir verteidigten uns selbst. Wir wollten keine passiven Opfer sein.

Eines Tages wird der wahre Grund für ihren fehlgeplanten Angriff ans Licht kommen, wir werden erfahren, was *wirklich* los war. Sofern sie noch nicht im Reißwolf gelandet sind, liegt die Antwort oder liegen die Antworten vielleicht noch in den über sechstausend FBI-Dokumenten begraben, von denen sie behaupten, sie uns und der amerikanischen Öffentlichkeit aus Gründen der »nationalen Sicherheit« vorenthalten zu haben. Wie ich gehört habe, heißt es seit neuestem, diese Akten seien »verlorengegangen«. Mit Sicherheit war es jedenfalls kein Zufall, daß am Tag vor der Schießerei bei Oglala der Kopf der nichttraditionellen Stammesregierung ein Achtel des Pine Ridge-Reservates an die Bundesregierung überschrieb. Dieses Gebiet trägt heute den Namen Sheep Mountain Bombing Range und ist angeblich reich an Uranvorkommen.

Viele von uns sind der Ansicht, daß die Schießerei bei Oglala speziell als Verschleierungstaktik für diesen illegalen Handel gedacht war, der vor der Öffentlichkeit knapp ein Jahr lang geheim gehalten wurde. Außerdem kam der öffentliche Aufruhr über den Tod der zwei Agenten sehr gelegen, um eine vom Kongreß geplante Untersuchung der Geschehnisse von Wounded Knee II (1973) und der Schreckensherrschaft im Pine Ridge-Reservat, die am 26. Juni 1975 schließlich in der Schießerei bei Oglala endete, zu hintertreiben.

Die spätere Behauptung des FBI, wir hätten ihre Agenten irgendwie in den Hinterhalt gelockt, ist, wie sie sehr wohl wissen, absurd. Frauen waren draußen am Kochen, Kinder spielten, und wir mußten unseren gesamten Besitz, Kleider und persönliche Dinge zurücklassen. Tatsächlich wissen wir heute (wiederum durch den Freedom of Information Act), daß das FBI einen Monat vor der Schießerei bei Oglala ein internes Schreiben bezüglich »paramilitärischer Rechtsvollstreckungsoperationen« im Reservat herausgegeben hatte. Sie hatten sich offensichtlich auf einen solchen Angriff gegen uns vorbereitet. Und genauso offensichtlich haben sie ihn zu ihrem wie zu unserem Leid furchtbar verpatzt.

Kapitel 26

Der Uranabbau, gegen den in den frühen siebziger Jahren um einen so hohen Preis protestiert wurde, ist seit damals heimtückisch weiterbetrieben worden. Das Volk der Lakota trinkt heute verseuchtes Wasser, die Fehlgeburtenrate liegt siebenmal über dem nationalen Durchschnitt. Unsere heiligen Black Hills sollten dem Gesamtplan zufolge zum »nationalen Opfergebiet« erklärt werden – falls sie den Plan weiterverfolgten, würden die Berge am Ende von über einem Dutzend gigantischer Kohle- und fünfundzwanzig Kernkraftwerken gesäumt. Ein riesiges Versorgungsspinnennetz aus Stromkabeln sollte über die Pine Ridge- und Rosebud-Reservate gezogen werden, um den Strom nach Osten zu leiten. Gerichtliche Einwände gegen die ungeheuren Umwelteinflüsse, die die unausweichliche Folge dieser nuklearen Monstrosität wären, haben die Umsetzung des Planes glücklicherweise verlangsamt, ebenso wie der Sturz der Uranpreise seit dem Ende des Kalten Krieges. Aber wartet mal ab, was passiert, wenn es auf dem Uranmarkt wieder bergauf geht. Sie haben sich nur zurückgezogen, um den profitabelsten Moment für einen Neubeginn abzuwarten. Das

Sterben eines Volkes und einer Lebensart, ganz abgesehen vom Land selbst, ist den multinationalen Bergbaugesellschaften und stiefelleckenden Regierungsbeamten und Behörden, die in ihrer unseligen Allianz dem Volk der Lakota – und auch den Menschen von Amerika – diese Scheußlichkeit antun würden, bei ihren Überlegungen nie in den Sinn gekommen. Deshalb gingen die Leute vom FBI auch so hart gegen uns vor, weil das AIM und die traditionellen Ältesten die einzigen waren, die ihnen im Weg standen. Alle anderen wußten nicht Bescheid, kümmerten sich nicht oder waren gekauft.

Ich bin mir ganz sicher, daß der wahre Grund für Wounded Knee II wie auch für die Schießerei bei Oglala und einen Großteil des Durcheinanders im indianischen Land seit Beginn der siebziger Jahre auf die Absicht der Bergbaugesellschaften zurückzuführen ist, das AIM und alle traditionellen Indianer ruhigzustellen, deren Ziel es war und ist, Land, Wasser und Luft vor dem Raubbau und den Plünderungen zu schützen. Mutter Erde zu Hilfe zu eilen heißt in dieser traurigen und tragischen Zeit, in der wir leben, als Krimineller abgestempelt zu werden.

Durch geschicktes Fädenziehen fachten diese Gesellschaften bei der Regierung die Angst vor »Feinden im eigenen Land« an. Sie vereinten die Kräfte des FBI und des BIA – mithin Bundesbehörden, die uns nach dem Gesetz eigentlich beschützen, nicht ausbeuten und vernichten sollten. Ich glaube, daß das FBI in dieser paranoiden Zeit tatsächlich dachte, wir *wären* eine Gefahr für die nationalen Interessen. Wenn sie sich allerdings wirklich um die »nationalen Interessen« sorgten, warum haben sie dann keine Nachforschungen bei jenen Gesellschaften angestellt, die diesen Tumult erst heraufbeschworen hatten? Das einzige, das wir je gefährdet haben, ist der Profit der multinationalen Energiekonsortien, die unsere Black Hills als ihr privates Lehnsgut betrachteten. Und die einzigen, die ihnen im Weg standen, waren ein paar starrköpfige, »dreckige« Indianer, die dummerweise darauf beharrten, daß Verträge eingehalten werden und die Verfassung der Vereinigten Staaten von Amerika Grundlage für die Rechtsprechung des Landes ist.

Ich war und bin stolz darauf, einer dieser »drekkigen« Indianer gewesen zu sein. So wurde ich ohnehin mein ganzes Leben lang genannt. Ich halte damals wie heute zu den traditionellen Ältesten in den abgelegenen Teilen der Reservate und den AIM-Mitgliedern in den urbanen roten Ghettos, wohin man uns verbannt hatte, damit diese Diebesgesellschaften an das Uran und die Kohle und das Gold kommen konnten. Es ist kein Zufall, daß das BIA, dem wir »unterstellt« sind, wiederum dem Bureau of Land Management (BLM) unterstellt ist. Für die Vertreter der Energielobby ist das eine ungemein praktische Regelung. Man muß nur ein paar kleine, schlecht bezahlte Beamte im BLM und im BIA schmieren, vielleicht noch ein paar höhere Staats- und Bundesrichter, und schon macht man aus den »progressiven« Fraktionen des Stammesrates willige Marionetten der Regierung, die jederzeit ihr Volk für ein bißchen Bestechungsgeld verkaufen. Als die traditionellen Ältesten Einspruch erhoben, engagierte der Stammesrat die GOONs, um sie schlagen, erschießen oder ihre Häuser in Brand stecken zu lassen. Als die Ältesten die Jungs vom AIM zu Hilfe riefen, wurde natürlich das FBI mit einem großen Aufgebot nach Pine Ridge geholt. Sie rüsteten die GOONs mit den modernsten Waffen aus und billigten stillschweigend die Schreckensherrschaft, die bald darauf über das »Rez« hinwegfegte. Und zu wessen Nutzen das alles? Ich habe mich häufig gefragt, was die Jungs vom FBI davon gehabt haben, abgesehen vom Haß auf die Indianer und der Respektlosigkeit gegenüber ihrem eigenen Volk. Und jene, die diese ganzen Manipulationen vornahmen und die Lügenmärchen erfanden, was denken sie wohl von sich selbst, wenn sie morgens in den Spiegel sehen? Sicher müssen sie bei ihrem eigenen Anblick erzittern und ihrem eigenen Blick im Spiegel ausweichen. Sie müssen mit der Lüge leben, die sie geschaffen haben, um den Anschein von Stolz und Respekt vor sich selbst zu wahren. Oder vielleicht hat sich durch ihre Arroganz eine undurchdringbare Mauer der Selbsttäuschung um sie herum gebildet. *Nie* werden sie ihr eigenes ungewolltes Mitverschulden am Tod der beiden Agenten zugeben. Das zumindest ist menschlich. Wir können nicht mit der Verachtung anderer leben. Keiner von uns kann das.

Das Gesicht zu wahren ist ein menschliches Grundbedürfnis. Das kann ich verstehen.

Ich kann auch verstehen, daß das FBI die Seinigen in Ehren hält. Für sie sind Coler und Williams gefallene Kameraden, Helden, tragische Opfer, Märtyrer. Ja, auch das kann ich verstehen. Aber auch wir halten die Unsrigen in Ehren. Wir haben ebenso unsere gefallenen Kameraden, unsere Helden, unsere tragischen Opfer, unsere Märtyrer … und wir haben sie in unendlicher Zahl. Ich lebe mit ihren klagenden Stimmen in meinem inneren Ohr. Ich höre sie immer. Ich kann sie nicht vergessen. Ich *weigere mich*, sie zu vergessen.

Sie waren Opfer des Krieges um Energie, genau wie die Agenten Coler und Williams, genau wie ich. Und genau wie du, mein Freund, und deine Kinder und die Kinder deiner Kinder. Das FBI selbst ist Opfer der Energiekriege geworden, indem es sich in seinem fehlgeleiteten Eifer, den multinationalen Eindringlingen bei ihrem fortdauernden Angriff auf Mutter Erde behilflich zu sein, zu lange jenseits von Recht und menschlichem Anstand bewegt hat. All diese Dinge sind Kriegshandlungen gegen das Volk der Lakota, gegen alle indianischen Völker, gegen alle indigenen Völker, gegen jede Menschlichkeit. Wir dürfen nicht aufhören, uns diesen zerstörerischen Kräften mit jeder Faser unseres Körpers, mit jedem Atemzug zu widersetzen.

Teil V
Jener Tag bei Oglala, der 26. Juni 1975

Wenn ein weißer Mann getötet wird, auch wenn er es sich selbst zuzuschreiben hat, sind alle Indianer schuldig. So ist es doch immer gewesen, oder?

Kapitel 27

Der 26. Juni 1975 begann als wunderschöner Frühsommertag. Die Luft hatte nach einem besonders heftigen Gewitter in der Nacht, das beinahe unsere Zelte weggeblasen hätte, eine liebliche Schwere. Das Gewitter hatte uns lang wach gehalten, und ich schlief bis nach elf in unserer provisorischen Zeltstadt, wie wir sie nannten. Ich spürte eine wärmende Brise, während ich schwitzend im Zelt auf meinem Schlafsack lag und zuhörte, wie die Frauen draußen bei der Zubereitung des Frühstücks über dem offenen Lagerfeuer lachten und schwatzten. Ich hörte, wie eine von ihnen sagte: »Ups, mir ist gerade ein Pfannkuchen heruntergefallen, er ist ganz voll Sand.« Und eine andere antwortete: »Ach, das macht doch nichts. Wisch es einfach ab. Das merken die sowieso nicht.« Damit meinte sie uns Männer. Im Stillen mußte ich mit ihnen lachen. Sie hatten recht, wir würden es nicht merken. Ich roch den wunderbaren Duft dieser Pfannkuchen und sah schon vor mir, wie ich den dickflüssigen Sirup gleich darüber laufen lassen und dann mehrere Tassen brühend heißen, schwarzen Kaffee trinken würde.

Doch plötzlich wurde die Stille dieses friedlichen und wunderschönen Morgens durch das Stakkato von Gewehrschüssen zerrissen. Das Geräusch schien von weit her zu kommen, und zuerst dachte ich nur, da würde jemand im Wald Schießen üben. Dann hörte ich die Schreie. Das Herz sprang mir beinahe aus der Brust. Unser spirituelles Camp war plötzlich zu einem Kriegsschauplatz geworden. Sofort dachte ich an all die Frauen, Kinder und alten Leute, die in unserem Zeltlager waren, und an unsere recht betagten Gastgeber Harry und Cecilia Jumping Bull in ihrem Haus oben auf dem Hügel. Darum hatten sie uns herbeigerufen – um ihr Leben zu schützen. Ich sprang in meine Stiefel, schnappte mir ein Hemd und ein Gewehr und stürzte aus dem Zelt. Ich rannte auf das Haus zu, in dem die Jumping Bulls lebten. Die Hitze schlug mir wie eine Faust entgegen. Als ich mir den Schweiß aus den Augen wischen wollte, verlor ich im Laufen meinen Munitionsbeutel. Aus allen Richtungen kamen die Kugeln. Ich hörte sie an meinem Kopf vorbeifliegen, nur Zentimeter entfernt. Unmöglich zu sagen, wer auf wen schoß. Ich mußte auf dem Bauch weiterkriechen.

Ich hielt mich zwischen den Bäumen in Deckung, kauerte mich dann ganz dicht an einen Viehzaun und schaffte es schließlich zum Haus der Jumping Bulls. Zu meiner Erleichterung stellte ich fest, daß Grandma und Grandpa Jumping Bull nicht da waren. Glücklicherweise hatten sie das Anwesen bei Sonnenaufgang verlassen und waren zu einer Stierauktion in Nebraska gefahren. Ich rannte zur kleinen Hütte neben dem Haus, von wo ich die Stimmen von Kindern hörte, die vor Angst heulten. Kugeln schnappten nach meinen Fersen, als ich lief, und verfehlten mich nur gerade eben – genau, wie man es im Film immer sieht. Ich merkte, daß ich das Feuer auf die Hütte lenkte. Wenn ich jetzt versuchte, die Kinder zu retten, würde ich sie nur noch mehr in Gefahr bringen. Wie sollte ich sie dort herausbringen? Ich konnte nicht einmal sagen, aus welcher Richtung die Schüsse kamen. Ich rief den Kleinen zu, daß sie jetzt tapfer sein müßten, daß sie jetzt Krieger sein müßten. »Legt euch unter die Betten! Und bleibt da, bis wir euch holen kommen!« schrie ich und verschwand so schnell es ging, um das Gewehrfeuer vom Haus und den Kindern darin abzulenken.

Ich ging für einen Moment bei einer nahen Baumgruppe in Deckung und versuchte herauszufinden, was zum Teufel los war. Auf einem Feld zur Straße hin waren in etwa hundertfünfzig Meter Entfernung schräg zueinander zwei Autos geparkt, solch glänzende, die für Indianer immer Ärger bedeuteten. Von da waren die ersten Schüsse gekommen, aber jetzt waren die Gewehrschüsse überall zu hören, hinter mir, vor mir, aus allen Richtungen, wie es schien. Waren wir umzingelt und sollten abgeschlachtet werden? Ich feuerte ein paar Schüsse in die Luft, nicht um irgendetwas oder irgend jemand zu treffen, sondern nur um zu zeigen, daß wir nicht vollkommen wehrlos waren, damit sie uns nicht einfach überrollten und uns abschlachteten. Ein paar andere Brüder taten mit den paar Gewehren, die wir hatten, das gleiche. Wie ich, feuerten sie von Zeit zu Zeit mit ihren Gewehren – hauptsächlich Jagdgewehre vom Kaliber 20 und 30-30 – aus der Entfernung auf diese beiden unbekannten und unangekündigten Eindringlinge, die ohne Vorwarnung auf das Anwesen der Jumping Bulls gerast waren. Wir versuchten nur, Zeit zu gewinnen, sie vielleicht zu verjagen, zumindest aber eine Zeitlang fernzuhalten. Schließlich herrschte damals quasi Bürgerkrieg im Reservat. GOON-Patrouillen hatten das Reservat seit Monaten terrorisiert. Beinahe täglich hatten sie aus fahrenden Autos geschossen, Leute verprügelt, gemordet und die Häuser der Ältesten und AIM-Anhänger niedergebrannt. Genau das war der Grund, warum die Ältesten der Lakota uns herbeigerufen hatten, um sie gegen die Angriffe der GOONs zu schützen, die dem FBI, dem BIA und dem von diesen gekauften Stammesrat als paramilitärische Schlägergtruppe dienten. Sie waren diejenigen mit den neuesten militärischen Hochleistungswaffen, nicht wir.

Nach einer Weile, als uns klar wurde, daß die Fahrer der beiden Autos offensichtlich tot waren, in ihrem Blut neben ihren Fahrzeugen zusammengesackt, daß sie keine GOONs, sondern Männer vom FBI waren, da konnten wir uns nur fassungslos und ungläubig ansehen. Alle wußten, was dieser benommene, ausdruckslose Blick bedeutete: Wenn diese Agenten tot waren, dann waren wir – die Indianer auf dem Jumping Bull-Anwesen an diesem Tag, ob Mann, Frau oder Kind – auch so gut wie tot. Selbst wenn sie nur verletzt waren, waren wir erledigt. Wir wußten, daß man uns nicht lebend festnehmen würde, selbst wenn wir uns ergaben. Noch ein paar Minuten zuvor hatte ich gähnend, lächelnd und mich räkelnd faul in meinem Zelt herumgelegen und mich auf einen schönen Teller in Sirup getränkter, heißer Pfannkuchen gefreut. Jetzt war ich ein toter Mann. Wir waren alle so gut wie tot.

Ich erzähle hier nur, was ich damals persönlich gesehen, erlebt und gefühlt habe, die sehr beschränkte Wahrnehmung eines Mannes in einem nahezu totalen Chaos ... dies ist nicht die unendlich detaillierte Darstellung mit blutigen und oft erfundenen Einzelheiten, die das FBI und die Staatsanwälte im nachhinein lieferten. Da man nichts von dem glauben kann, was sie sagen, kann man unmöglich auch nur einem einzigen ihrer Beweise trauen. Sie haben Patronenhülsen, Schußmechanismen, ganze Gewehre, alles mögliche gefälscht, um mir diesen Mord anhängen zu können, obwohl sie 1985 vor dem Appellationsgericht selbst zugaben, daß sie keine Ahnung hatten, wer die beiden Agenten erschossen hat. Ich habe ihre Agenten nicht sterben sehen, hatte meine Hand dabei nicht im Spiel, hätte alles getan, um es zu verhindern, hätte ich es rechtzeitig gewußt. Aber es gab zu dem Zeitpunkt nichts, was ich oder irgend jemand sonst hätte tun können. Es ist geschehen.

Dutzende, vielleicht Hunderte von FBI-Männern, örtlichen Polizisten, GOONs und Männern der weißen Bürgerwehr tauchten plötzlich innerhalb von Minuten wie aus dem Nichts da draußen auf und schossen auf uns. Und zwei ihrer Kumpel lagen verletzt, wahrscheinlich tot, auf dem Boden zwischen uns im Kreuzfeuer. Nein, es war nicht wahrscheinlich, daß man sanft mit uns umspringen würde, falls wir uns ergaben. Big Foots Gefolge hatte sich schließlich auch ergeben, oder? Alte, Frauen und Kinder würden erschossen werden, genau wie sie es 1890 bei wesentlich geringerer Provokation am Wounded Knee I getan hatten. Ich war mir absolut sicher, daß uns das gleiche Schicksal widerfahren würde. Sie würden uns durch jedes Flußbett und jeden Graben verfolgen, jeden Mann und jede Frau, jeden Alten und jedes Kind jagen und von hinten erschießen, wie sie es damals 1890 getan hatten. Schließlich waren ihre Kumpel tot, und wir waren Indianer. Wenn ein weißer Mann getötet wird, auch wenn er es sich selbst zuzuschreiben hat, sind alle Indianer schuldig. So ist es doch immer gewesen, oder?

Andere Bewohner des Jumping Bull-Anwesens, hauptsächlich Frauen und Kinder, versuchten verzweifelt, einen sicheren Ort zu ihrem Schutz zu finden. Ich sagte allen, daß wir von diesem Grundstück verschwinden mußten, daß sie uns alle umbringen würden, wenn wir uns nicht beeilten, und ich versuchte, irgendeine Möglichkeit zu finden, irgendeinen Weg, wie wir hier heraus- und wegkommen könnten. Es schien schier unmöglich. Wir brauchten ein Wunder. Irgendwo in der Entfernung hörte ich neben dem abgehackten Geräusch der Gewehrsalven das tiefe Surren eines kleinen Aufklärungsflugzeugs, das über uns kreiste. Ich konnte nicht fassen, daß dies wirklich passierte. Ich konnte einfach nicht fassen, daß unser wunderbarer, friedlicher Morgen durch solch wahnsinnige und mörderische Gewalt zerschlagen worden war. Ich wußte nicht, warum man einen solch gemeinen Angriff auf uns verübte. Ich wußte nur, daß es meine Aufgabe, meine vorrangige, persönliche Pflicht war, diese unschuldigen Frauen und zu Tode erschrockenen Kinder zu beschützen. Ich wußte, daß ich meiner eigenen Angst nicht nachgeben durfte und daß es unser aller Tod bedeuten könnte, wenn jemand in Panik geriete.

1995 wurden durch den Freedom of Information Act Dokumente zugänglich gemacht, die bestätigten, daß sich in der Gegend eine regelrechte Armee – bestehend aus Gesetzeshütern, GOONs, mobilen Einsatzkommandos, Bürgerwehr, BIA-Polizisten, allen möglichen Einheiten – für einen geplanten paramilitärischen Angriff auf das Pine Ridge-Reservat formiert hatte. Und nun war der große Tag endlich gekommen. Die Razzia war von langer Hand geplant. Vielleicht hatten sie sich gedacht, sie könnten einfach einrücken und uns fertigmachen, nachdem die zwei Agenten uns dazu gebracht hätten, das Feuer zu eröffnen, und sie damit die nötige Rechtfertigung gehabt hätten. Es schien für uns keinen Weg nach draußen zu geben.

Und doch, obwohl Hunderte von Gesetzeshütern uns umzingelten, schafften wir es alle, aus der Todeszone zu entkommen – alle außer dem armen, jungen, verängstigten Joe Killsright Stuntz, ein einundzwanzigjähriger AIMler, der unserer Sache treu ergeben war und von der Kugel eines unbekannten Angreifers in die Stirn getroffen wurde. Einige sagen, es war ein Heckenschütze, andere, ein Attentäter. Wissen können es nur seine Mörder, und die sind nie befragt worden. Da alle Beweise bei der Regierung liegen – und sie, wie es ihr gerade paßt, die Hand darauf hält –, ist es unmöglich zu sagen, was wirklich passiert ist.

Joe hatte sich als Nachhut positioniert, um uns Rückendeckung zu geben, als wir unsere Flucht antraten. Den indianischen Namen Killsright gaben wir ihm posthum in einer ihm zu Ehren abgehaltenen Zeremonie. Ich bin froh, daß er ihn bekommen hat. Ich weiß, daß es ihm Trost gibt. Es ist der heilige Name, unter dem er nun in der Himmelswelt bekannt ist.

He, Killsright, paß auf, daß das Lagerfeuer nicht ausgeht, und halt den Kaffee warm, bis ich komme. Ich bin bald da.

* * *

An jenem Tag wurde eine Schar von ein paar Dutzend Männern, Frauen, Kindern und Alten inmitten Hunderter aufgebrachter Verfolger irgendwie unsichtbar. Ich schreibe dies Crow Dogs Revival der Geistertanzzeremonie zu. Der Schöpfer, Wakan Tanka, lieh jedem von uns zu diesem speziellen Anlaß ein unsichtbares Geisterhemd, an dem die Kugeln des weißen Mannes abprallten. Ich weiß nicht, warum Joe Killsright Stuntz seins nicht rechtzeitig bekommen hat. Vielleicht streckte er gerade die Hand danach aus, als sie ihn niederschossen. Ich hätte ihm gern meins gegeben, wenn ich es gewußt hätte. So nahm das Große Geheimnis Joe an diesem Nachmittag zu sich und führte uns Übrige dort heraus. Wir konnten den Luftzug der Kugeln spüren, die an unseren Ohren vorbeipfiffen, aber keine traf ihr Ziel. Überall waren Straßenblockaden und umherstreifende mobile Einsatzkommandos. Wie sollten wir mit dieser verängstigten kleinen Schar dem sich zuziehenden Netz der wildgewordenen Gesetzeshüter rund um uns herum entkommen?

Viele aus unserer Gruppe gerieten in Panik oder waren vor Angst gelähmt, und ich weiß noch, wie ich sie in eine Schlucht führte und sagte: »Ein Gebet! Wir brauchen ein Gebet!« Und dann hockten wir uns alle auf dem matschigen Boden nieder, und obwohl ich es nicht gewöhnt bin, andere im Gebet zu leiten, hörte ich mich selbst ein Gebet beginnen. Ich hörte meine Stimme wie aus weiter Entfernung laut beten, sie sagte so etwas wie »Tunkashila, Urvater, Großer Geist, wir hoffen, daß du uns heute lebend hier herausholst. Wir wissen, daß du uns einen Fluchtweg zeigen wirst, wenn du willst, daß wir weiterleben. Und wenn du es nicht willst … wenn dies der Tag ist, den du gewählt hast, um uns zu dir nach Hause zu holen, dann nehmen wir dies an. Wir scheinen sowieso nicht in diese Welt zu passen. Also grüßen wir dich, Urvater. Egal wie es kommt, was immer Wakan Tanka geschehen lassen will, es wird geschehen. Entweder wir entkommen oder wir gehen zur Himmelswelt und leben bei dem Urvater. Beides ist gut! *Ah-Ho!*«

Dies schien allen neue Hoffnung zu geben, neue Kraft, neuen Mut, und ich begann, die wahre Macht des Gebets zu begreifen. Sogar in mir selbst verspürte ich neue Kraft und neues Vertrauen. Und genau dann, gerade als wir nach dem Gebet versuchten herauszufinden, in welche Richtung wir nun laufen sollten, flog ein Adler in einen nahestehenden Baum und gab diesen hohen, durchdringenden Adlerschrei von sich, als käme er aus der heiligen Pfeife aus Adlerknochen, die bei Zeremonien verwandt wird. Dann flog er davon und setzte direkt über unseren Köpfen, oberhalb der mit Gestrüpp bewachsenen Schlucht, in der wir uns versteckten, zum Sturzflug an. Es war, als ob er gekommen wäre, uns den Weg zu zeigen. Ich glaube, daß es so war, und dasselbe dachten alle von uns. Ich glaube es bis zum heutigen Tag. Wir folgten der Richtung seines Fluges, und der Adler führte uns sicher dort heraus, trotz der Schwärme umherstreifender Gesetzeshüter und GOONs. Direkt unterhalb der Stelle, an die der Adler uns geführt hatte, entdeckten wir ein großes Abflußrohr, das unter der Straße verlief. Auf allen vieren krochen wir durch das beängstigende Dunkel – Männer, Frauen und Kinder – und kamen schließlich weit außerhalb des Netzes, das unsere Verfolger um den Besitz der Jumping Bulls herum gezogen hatten, auf einer Kuhweide heraus. Dann hörten wir in der Nähe Schüsse. Wir begriffen, daß sie uns entdeckt hatten und begannen wie vom Teufel gejagt durch die hereinbrechende Dunkelheit zu rennen. Kugeln pfiffen buchstäblich an unseren Ohren vorbei. Wir schlüpften und rutschten durch eine Reihe matschiger Wassergräben auf das offene Hügelland und einen nahen Kiefernwald zu, rannten im Zickzack erst nach Osten, dann nach Süden, dann wieder nach Osten, und beteten verzweifelt darum, irgendwie davonzukommen, wenn wir nur in Bewegung blieben. Daß die gesamte Gruppe – abgesehen von Joe Killsright Stuntz – es an dem Tag schaffte, da lebend herauszukommen, war das eigentliche Wunder aller Wunder und ist mir immer noch unbegreiflich. Es war unmöglich zu entkommen, und doch schafften wir es. Später hörte ich, daß Suchtrupps die Gegend nach uns durchkämmten, aber wir hörten nie mehr als ein kleines Flugzeug in der Ferne. Der heilige Adler tat mehr, als uns nur den Weg zu zeigen an jenem Tag. Er breitete seine Flügel weit aus und nahm uns unter seine Fittiche. Er machte uns unsichtbar und brachte uns in Sicherheit.

Wir waren und sind den vielen, vielen Leuten unendlich dankbar, die uns in dieser schrecklichen und schreckenerregenden Zeit unter Einsatz ihres eigenen Lebens halfen, die uns versteckten und Nacht für Nacht provisorische Zufluchtsorte für uns errichteten. Später erfuhren wir, daß Indianer von überall her sich bei den Straßensperren der Polizei versammelt hatten, uns anfeuerten und laut hupten, als wir flohen. Auch Schüsse wurden abgefeuert, damit unsere Verfolger verwirrt wurden und unseren genauen Standort nicht ausmachen konnten. Freunde, von denen wir nicht einmal wußten, daß wir sie hatten, setzten ihr eigenes Leben aufs Spiel und ließen uns im Untergrund verschwinden, hielten uns vor dem sich zuziehenden Netz versteckt. Nacht für Nacht blieben wir in Bewegung, folgten Flußbetten, Gräben, was auch immer. Wir berieten uns mit unseren Ältesten darüber, was wir tun sollten, und es wurde entschieden, daß wir uns bis zum Sonnentanz dieses Jahres Anfang August bei Crow Dog in der Gegend versteckt halten sollten. Beim Sonnentanz würden wir dann Wakan Tanka, dem Großen Geist, dem Großen Geheimnis, persönlich dafür danken, daß er an jenem Tag in Gestalt eines Adlers zu uns gekommen war, wie durch ein Wunder unsere Flucht geleitet und unser Leben gerettet hatte.

Das FBI, die GOONs und die BIA-Polizei liefen unterdessen Amok und veranstalteten eine Menschenjagd, die später als die größte der neuesten amerikanischen Geschichte verbucht werden sollte. Die gesamte Bevölkerung des Pine Ridge-Reservats versetzten sie nach Vorbild des Vietnamkrieges mit Durchsuchungs- und Zerstörungsoperationen in Angst und Schrecken. Ohne Durchsuchungsbefehle verwüsteten sie die Häuser der traditionell gesinnten Indianer. Sie stießen die Menschen gewaltsam herum, auch Frauen und alte Leute, und sie bedrängten und schüchterten jeden ein, der auch nur im entferntesten für einen AIM-Anhänger gehalten wurde – was natürlich auf fast sämtliche Traditionalisten des Pine Ridge-Reservats zutraf.

Wir suchten beständig Rat bei den Ältesten und versteckten uns bei verschiedenen Freunden – aber fast alle aus unserer Gruppe wurden einer nach dem anderen gefangen und festgenommen. In der Hoffnung, Zuflucht bei meinen indianischen Brüdern im hohen Nordwesten zu finden, vielleicht sogar politisches Asyl zu bekommen, wollte ich schließlich versuchen, die Grenze nach Kanada zu überqueren. Ich rechnete mir aus, daß meine Chancen, in den Vereinigten Staaten eine faire Verhandlung zu bekommen oder überhaupt am Leben zu bleiben, gleich Null waren. Wir hörten, daß die FBIler so aufgebracht über den Tod ihrer zwei Kumpel und unser unglaubliches Entkommen aus dem Polizeinetz waren, daß sie ihrer Wut Luft machten, indem sie aus nächster Nähe Kugeln auf die Familienfotos an den Wohnzimmerwänden der Jumping Bulls abfeuerten – manchen schossen sie in den Kopf, anderen ins Herz.

Ich zweifele nicht im geringsten daran, daß sie mit jedem und jeder von uns dasselbe gemacht hätten, wären wir an diesem Tag nicht dem Adler gefolgt.

Mit meiner Flucht nach Kanada trat ich in die Fußstapfen keines Geringeren als des großen Sitting Bulls, des Hunkpapa Lakota-Medizinmannes. Auch er war nach dem Kampf bei Little Bighorn am 25. Juni 1876, in dem er die stolze Karriere General George Armstrong Custers als Mörder unschuldiger indianischer Männer, Frauen und Kinder beendete, mit seinen Leuten über die Grenze geflohen. Für jene, die es mit den Zahlen halten: Die Schießerei bei den Jumping Bulls am 26. Juni 1975 ereignete sich seltsamerweise exakt neunundneunzig Jahre und einen Tag nach der Schlacht bei Little Bighorn – oder dem Greasy Grass, wie wir es nennen.

Sitting Bull wußte, daß die Rache des weißen Mannes schnell und erbarmungslos sein würde. Selbst wenn er Custer oder überhaupt irgend jemand nicht persönlich getötet hatte, war er genau wie ich immer noch ein »Beihilfe Leistender«, wie sie es heute nennen. Schließlich sind alle Indianer »Beihilfe Leistende«, wenn sie sich dagegen auflehnen, daß ihr Volk abgeschlachtet wird.

Sitting Bull machte sich keine Illusionen darüber, was passiert war oder was passieren würde. Er sagte:

Jener Tag bei Oglala

Welchen Vertrag, den die Weißen gehalten haben, hat der rote Mann gebrochen? Nicht einen!
Welchen Vertrag, den die Weißen je mit uns roten Männern gemacht haben, haben sie gehalten? Nicht einen!
Als ich ein Junge war, gehörte den Sioux die Welt. Die Sonne ging über unserem Land nie unter. Wir sandten zehntausend Reiter in die Schlacht. Wo sind die Krieger heute? Wer hat sie getötet? Wo ist unser Land? Wer besitzt es?
Welcher weiße Mann kann sagen, ich hätte je sein Land oder einen Penny seines Geldes gestohlen? Und doch sagen sie, ich sei ein Dieb.
Ist es falsch, daß ich die Meinen liebe?
Ist es böse, weil meine Haut rot ist? Weil ich ein Sioux bin? Weil ich geboren wurde, wo meine Väter lebten? Weil ich für mein Volk und mein Land sterben würde?

Teil VI
Ein Leben in der Hölle

Eine Farce aus maßlosen Lügen und schamloser Zeugenbestechung wurde in diesem Gerichtssaal gespielt …

Dies war das amerikanische Rechtssystem von seiner schlechtesten Seite …

Kapitel 28

Gegen vier Indianer wurde Ende 1975 wegen des Todes der zwei Agenten Anklage erhoben. Ich war einer der vier. Nur drei von uns wurden je vor Gericht gestellt. Die Anklage gegen den vierten, Jimmy Eagle, wurde schließlich »aus Mangel an Beweisen« fallengelassen. Er war derjenige, dessen angeblicher Diebstahl von einem Paar Cowboystiefel dem FBI den nötigen Vorwand geliefert hatte, um überhaupt in das Anwesen der Jumping Bulls einzudringen. Es ist schon merkwürdig, daß sie die zig Morde an Traditionalisten in den vorangegangenen Monaten im Reservat fast ausnahmslos ignoriert hatten, aber den angeblichen Diebstahl zweier Cowboystiefel (dessen Untersuchung das Gericht später einstellte) zum unmittelbaren Gegenstand eines massiven FBI-Einsatzes machten.

Schließlich wurden meine beiden AIM-Brüder, Dino Butler und Bob Robideau, festgenommen, fälschlicherweise beschuldigt, den Mord an den beiden Agenten begangen zu haben, und dann im Juli 1976 in Cedar Rapids in Iowa vor Gericht gestellt. Zu der Zeit war ich in Kanada im Gefängnis und kämpfte gegen meine Auslieferung an die Vereinigten Staaten.

Die Jury in der Cedar Rapids-Verhandlung war entsetzt über das erdrückende Beweismaterial für eine Beteiligung der Regierung am fortdauernden Terror in Pine Ridge und über das durchweg offenkundige Fehlverhalten des FBI und befand Butler und Robideau für nicht schuldig. Sie urteilten, daß Butler und Robideau in Notwehr gehandelt hatten, als sie an jenem Tag auf dem Anwesen der Jumping Bulls auf die unbekannten Eindringlinge feuerten. Allerdings war es Notwehr und nichts anderes – genau wie bei mir und bei vielen, vielen anderen an diesem Tag.

Nach dem Freispruch von Butler und Robideau war ich der letzte der Beschuldigten, dem sie diese verlogene Klage anhängen konnten. FBI-Dokumente deckten später auf, daß die Klage gegen Jimmy Eagle fallengelassen wurde, um »die strafrechtliche Verfolgung der Bundesregierung voll und ganz auf Leonard Peltier zu konzentrieren.« Die Regierung brauchte einen Sündenbock, eine Verurteilung, um ihr schwer beschädigtes öffentliches Ansehen wiederherzustellen. Irgend jemand mußte für den Tod der zwei Agenten bezahlen, auch wenn sie nicht wußten, wer es getan hatte – wie die Kläger später selbst zugaben. Sie wollten indianisches Blut, und so wurde ich ihr Sündenbock; mich wollten sie ja schon die ganze Zeit erwischen. Sie dachten wohl, FBI-Agenten würden irgendwie zu Freiwild werden, wenn auch ich davonkam, so wie Butler und Robideau. Das ist vielleicht verständlich, aber völlig absurd – nichts als ein

Hirngespinst. FBI-Agenten sind nie Freiwild für Indianer gewesen und sollten es auch nie werden, nicht einmal der Gedanke daran ist uns gekommen. Vielleicht glaubten einige der FBI-Agenten ja tatsächlich die Falschinformationen, die ihre eigene Behörde ohne rot zu werden an die Öffentlichkeit gab. Aber eins war sicher: die traditionell gesinnten Indianer von Pine Ridge und ihre Unterstützer beim AIM waren schon vor Jahren zu Freiwild erklärt worden. Man braucht doch nur die Zahl der Todesopfer von Pine Ridge in diesen Jahren zu betrachten und zu vergleichen. Todesopfer durch Gewaltanwendung beim FBI: zwei, die Agenten Coler und Williams. Todesopfer durch Gewaltanwendung bei den Traditionalisten/beim AIM: sechzig und mehr, und zwar nach der amtlichen Statistik. Wir glauben, die Zahl der Opfer ist weit höher. Mögen ihre Seelen in Frieden ruhen, jede einzelne von ihnen.

Ich wurde am 6. Februar 1976 im Westen Kanadas festgenommen. Dieser Tag ist offiziell der Beginn meiner Haft. Nachdem ich mich einige Wochen in South Dakota versteckt gehalten hatte, war ich über die Grenze nach Kanada geschlüpft und hatte in den Rocky Mountains von British Columbia bei einigen indianischen Brüdern gelebt, denen ich ewig dankbar bin. Den Großteil des Jahres '76 war ich in Vancouver in Haft und kämpfte gegen meine Auslieferung an die Vereinigten Staaten. Das FBI war zu allem entschlossen, um mich zurückzubekommen, wie illegal es auch sein mochte – und so war es dann. Eidesstattliche Erklärungen einer Frau namens Myrtle Poor Bear wurden den kanadischen Gerichten vorgelegt. Darin wurde behauptet, sie sei eine »Augenzeugin« beim Tod der beiden Agenten gewesen und außerdem eine Exfreundin von mir. Zudem behauptete sie, ich sei der Vater ihrer Kinder. Solltest du je die Erfahrung gemacht haben, daß nichts als Lügen über dich in die Welt gesetzt werden und alle Leute diese Lügen glauben, dann kannst du vielleicht annähernd nachvollziehen, wie geschockt und erbärmlich ich mich am Tag der Auslieferungsanhörung fühlte, als vor dem kanadischen Gericht diese Lügen verlesen wurden, die sie der armen Frau in den Mund gelegt hatten. Poor Bears Aussagen über mich vor Gericht machten Schlagzeilen in Vancouver:

»Peltiers Freundin sagt gegen ihn aus.
Behauptet, sie war Augenzeugin.«

Ich hatte nicht die geringste Ahnung, wer diese Frau war, war ihr nie zuvor in meinem Leben begegnet oder hatte auch nur von ihr gehört. Sie war wie ich und wie jeder von uns nur eine Schachfigur in diesem illegalen und heimtückischen Spiel der Regierung. Vor einigen Jahren wurden Beweise aufgedeckt, aus denen eindeutig hervorgeht, daß die Regierung diese Zeugin bestochen und sie zu diesem Meineid gezwungen hat. Sie haben eine arme und hilflose indianische Frau bewußt und mit verabscheuungswürdiger Grausamkeit eingeschüchtert und zu einem Meineid gezwungen, damit sie die kanadische Regierung überzeugen konnten, mich, ein weiteres ihrer Opfer, an sie auszuliefern. Poor Bears eidesstattliche Erklärungen sind seitdem als die Falschaussagen, die sie waren, entlarvt worden. Hohe Beamte Kanadas haben daraufhin meine Rückführung nach Kanada verlangt und ihr Entsetzen darüber zum Ausdruck gebracht, welch bewußter Falschdarstellungen die US-Regierung sich bedient hat, um meine Auslieferung zu erwirken.

Kapitel 29

Seit dem Tag meiner Festnahme durch die Royal Canadian Mounted Police (RCMP) hat sich mein Leben in eine endlose Aneinanderreihung verschwommener Bilder aus Gefängnissen und Knästen verwandelt, nur unterbrochen durch gelegentliche Besuche in Gerichtssälen – erst zu den Auslieferungsanhörungen in Kanada, danach hier in den Staaten. Handschellen, Fußfesseln und Leibesvisitationen sind die Tagesordnung für mich geworden – »Beine auseinander, Tonto«. Sie nehmen dir nicht bloß deine Freiheit – was ja eigentlich schon genügen sollte –, sie erniedrigen und demütigen dich, wann und wo immer sie können. Sie machen sich weit mehr Verbrechen, ungerechter und unmenschlicher Handlungen schuldig als sie je verhüten. Gefängnisse sind ausnahmslos eine grausame und ausnehmend harte Form der Strafe. Jedes einzelne von ihnen sollte als verfassungswidrig erklärt werden.

Als angeblichem Bullenmörder wurde mir von Anfang an besondere Aufmerksamkeit zuteil. In meinem ersten Knast in Kanada wurde die ganze Nacht über ein zusätzlicher Wärter vor meiner Zellentür postiert; das war in den kommenden Monaten die Regel. Als ich am nächsten Tag ins Metropolitan Gefängnis in Vancouver verlegt wurde, sah ich mich von einer Gruppe unverhohlen wütender Cops umringt. Einer von ihnen nahm mir die Handschellen ab – damit sie die Schuld für das Kommende mir in die Schuhe schieben konnten, nehme ich an –, die anderen krempelten die Ärmel hoch und kamen mit geballten Fäusten auf mich zu. Der blanke Haß stand ihnen ins Gesicht geschrieben. Ich wappnete mich für die Prügelei und wollte mich wehren so gut es ging – ich rechnete mir aus, zwei oder drei von ihnen niederschlagen zu können, ehe sie mich erwischten –, aber für ein paar Minuten dachte ich wirklich, daß sie mich gleich umbringen würden. Nur das Einschreiten des RCMP-Beamten, der mich dorthin gebracht hatte, rettete mich noch einmal. Ja, es gibt gute Cops, viele sogar. Aber es wird auch immer die anderen geben. Hinter den Mauern lernt man schnell, daß man der Willkür jedes beliebigen Wärters mit einer sadistischen Ader ausgesetzt ist; und davon gibt es selten zu wenige.

In diesem ersten Knast in Vancouver hatte ich ein kleines Zellenfenster, das zur Straße ging, und als ich mich an den Gitterstäben hochzog und hinausblickte, sah ich – unter allen Menschen – meine *Mutter* dort unten stehen. Ich schrie ihr zu: *»Maaaa! Maaaaaa!«* Aber als ich wieder hinaussah, war sie weg. Es war, als ob ich eine Erscheinung gehabt hätte, aber sie erzählte mir später, daß sie es tatsächlich gewesen sei und mich auch gehört habe.

Noch am gleichen Nachmittag wurde ich vom Metropolitan ins Oakalla Gefängnis verlegt. Ich wurde abgefertigt und einem Hochsicherheitstrakt zugeteilt, wo ein paar indianische Häftlinge mir anboten, jemand zu meinem persönlichen Schutz abzustellen, als sie hörten, wer ich war. Beinahe sofort wurde ich in eine noch höhere Sicherheitsstufe verlegt – nur eine Stufe unter der Todeszelle. Alle sechs Zellen auf dieser Ebene wurden geräumt, damit ich den Flur ganz für mich alleine hätte. Meine Zelle, mein privates Refugium für die Ewigkeit, wie es schien, war etwa zwei mal drei Meter groß – typisch für fast alle Gefängnisse, wie ich festgestellt habe – und mit dem üblichen Stahlklo, auf das man sich nicht setzen kann, einem Ausguß und einer Stahlpritsche ausgestattet. Eine fünf Zentimeter dicke Matratze, zwei Laken, eine Decke, kein Kissen. Keine persönlichen Gegenstände, nicht einmal ein Buch zu lesen. Das einzige Licht kam vorn durch die Gitter. Nachdem mein Anwälteteam diverse Anträge bei Gericht eingereicht und Vertreter ausländischer Botschaften dazu bewegt hatte, mich in meiner Zelle aufzusuchen, verbesserten sich meine Haftbedingungen. Ich durfte Bücher, Malutensilien und Zeitungen haben, und in dem etwa fünf mal acht Meter großen Bewegungsraum vor meiner Zelle wurde sogar ein Fernseher aufgestellt. Später erfuhr ich, daß ich genauso behandelt wurde, wie die Häftlinge in den Todeszellen.

Eine Zeitlang steckten sie mich sogar in so eine Zelle zwischen zwei zum Tode verurteilte Häftlinge. Der eine war ein Indianer, der andere ein Weißer, der wegen Mordes an einem RCMP-Beamten während eines Raubüberfalls verurteilt worden war. Am nächsten Morgen sollte er gehängt werden. Ich schätze, sie haben mich dorthin verlegt, damit ich mich schon mal an das Gefühl gewöhnen konnte. Der Galgen war von unseren Zellen aus in einem Nebenraum zu sehen, nur ein paar Meter entfernt. Sie waren so nett, die Türen aufzulassen, damit sie uns nicht den Blick auf das Gerüst mit den zwei herunterhängenden Seilen versperrte. Der Weiße sagte nicht viel. Er saß bloß mit gesenktem Kopf auf seiner Pritsche, starrte auf den Boden und hatte die Hände fest zwischen die Beine gepreßt. Ich sah, wie eines seiner Knie unkontrollierbar zitterte. Beim Atmen machte er ein schrilles pfeifendes Geräusch. Unglaublich, aber sie kamen am nächsten Morgen zu uns, um uns mitzuteilen, daß die Regierung gerade die Todesstrafe abgeschafft hatte. Es war Rettung in letzter Sekunde, wie in einem schlechten Hollywoodstreifen. Die Todesstrafe meiner beiden Haftkumpane wurde in lebenslänglich umgewandelt, was heißt, daß sie mindestens fünfundzwanzig Jahre absitzen mußten. Wenn sie überlebt haben, dürften sie jetzt irgendwann herauskommen.

Einige der Wärter in Oakalla schienen zumindest etwas Verständnis für die indianische Sache aufzubringen und behandelten mich mit etwas Respekt.

Aber wie immer waren da auch die anderen, die täglich versuchten, irgendwelche Vorfälle zu melden, und mir drohten, mich ins Loch werfen zu lassen. Das war ein Witz. Ich hatte schnell herausgefunden, daß das Loch nicht schlimmer war als meine normale Zelle, in gewisser Hinsicht sogar besser. Also zuckte ich nur mit den Achseln und sagte ihnen: »Okay, scheißegal, macht doch einfach. Laßt mich einfach in Ruhe und werft mich ins Loch!« Nicht lange darauf schafften fünf Häftlinge sogar vom Loch aus einen Ausbruch aus Oakalla, was die Drohungen der Wärter eine Zeitlang irgendwie verstummen ließ. Aber trotzdem machte es ihnen wahnsinnig Spaß, Wege zu finden, wie sie mich quälen konnten, meist waren es verbale Beleidigungen. Zum Beispiel unterhielten sie sich – so, daß ich mithören konnte – darüber, wie dumm und ungepflegt Indianer seien, wie häßlich und was für lose Mädchen unsere Frauen seien und daß unsere Kinder alle behindert seien und zusammengetrieben und erschossen gehörten wie streunende Hunde. Darüber konnte ich nur lachen. Sie hofften, ich würde explodieren und meinem Ärger Luft machen, was ihnen die Gelegenheit gäbe, die Scheiße aus mir herauszuprügeln oder Schlimmeres. Aber diese Genugtuung wollte ich ihnen nicht geben. Nie würde ich zu dem werden, was sie von mir wollten. Ich weigerte mich, ihr Opfer zu sein. Ich bin kein Opfer. Ich bin ein Krieger. Ich ertrage meine Schmerzen wie ein Krieger, innerliche wie äußerliche, ohne zu jammern, ohne zu winseln, wie wir es im Sonnentanz lernen. Der Sonnentanz entläßt uns gegen jeden Schmerz gefeit in die Welt, wie auch ein verkohlter Stock gegen Feuer gefeit ist. Das heißt nicht, daß man uns nicht brechen oder umbringen könnte, aber man muß schon verdammt hart daran arbeiten. Also antwortete ich nie auf die rassistische Hetze dieser oder anderer solcher Wärter, höchstens mit Blicken. Auf keinen Fall wollte ich mich auf ihre Ebene begeben.

Am Tag vor meiner Auslieferung an die Vereinigten Staaten, Mitte Dezember 1976, wurde ich erneut in eine Zelle mit verstärkten Sicherheitsvorkehrungen verlegt. Diese hatte auf allen Seiten von dickem Plexiglas umwandete Gitter – ein Stahlkäfig in einem Aquarium. Ich habe mich oft gefragt, wer sich solche Sachen ausdenkt, wer so etwas entwirft. Gibt es Seminare an Hochschulen, wo man lernt, solche Folterkammern zu bauen? Ein Wärter wurde direkt vor der Zelle postiert und angewiesen, mich nicht aus den Augen zu lassen, nicht einen Moment lang. Das tat er auch nicht, aber ich kann schwören, daß es ihn jedesmal wahnsinnig gemacht hat, wenn ich kacken oder pissen mußte. Eine Weile versuchte ich, seinen Blick genauso starr zu erwidern, bis er rot wurde, seine Nasenflügel bebten und er seinen kräftigen Arm in die Luft hob und mir mit der geballten Faust drohte. Er sah eher ängstlich und flehend aus, als gefährlich. Ich mußte fast lächeln, zuckte mit den Schultern und sah weg. Wir wußten beide, daß er genauso an mich gefesselt war wie ich an ihn. Wir waren beide Gefangene, der Wärter und ich.

Der kanadische Justizminister ließ mir durch meine Anwälte das Versprechen übermitteln, daß ich gute Behandlung erfahren und eine faire Verhandlung in den Staaten bekommen würde, wenn ich erst die Auslieferungspapiere unterschrieben hätte. Ich schätze, das ließ mich vorübergehend etwas neuen Mut schöpfen. Ich wollte jetzt schnell alles hinter mich bringen, mich der Verhandlung stellen und für unschuldig befunden werden, wie meine AIM-Brüder Bob Robideau und Dino Butler in ihrer Cedar Rapids-Verhandlung im Sommer. Ich nahm an, daß durch meinen Fall so viele Verbrechen des FBI im indianischen Land an die Öffentlichkeit gelangen würden, daß die Regierung gezwungen wäre, mir eine faire Verhandlung zu geben. Ich war zu naiv, um zu wissen, daß die Worte des kanadischen Justizministers in den Staaten überhaupt kein Gewicht hatten. Außerdem hatte ich noch nicht begriffen, daß ich der einzige war, dem das FBI den Tod ihrer beider Agenten noch anhängen konnte. Und wie wir wissen, kriegen sie immer ihren Mann – auch wenn er es nicht ist.

Am Morgen meiner Auslieferung ließ die RCMP einen großen Militärhubschrauber in den Gefängnishof kommen. Ich bekam meine Kleidung zurück, zwei Paar Handschellen und Fußfesseln angelegt. Ich wurde auf dem schnellsten Weg zu einem nahegelegenen Militärflughafen gebracht, in den Jet eines Generals der Luftwaffe verladen, und ein paar Stunden später landete ich in Rapid City, South Dakota. Zurück in den guten alten Staaten, yeah!

Nach ein paar Stunden im Bezirksgefängnis kam ich zur Vernehmung vor einen Bundesrichter. Der Richter wollte mir einen Pflichtverteidiger stellen, der aussah, als hätte er gerade eben die juristische Fakultät verlassen. Ich sagte ihm, daß ich von fähigen Anwälten vertreten werden würde, aber er beharrte trotzdem darauf, daß ich diesen Pflichtverteidiger annehmen sollte. Ich sagte, ich würde auf keinen Fall zustimmen, mich in so schwerwiegenden Anklagepunkten von diesem »Jurastudenten« verteidigen zu lassen, und verlangte, mich selbst vertreten zu dürfen, bis meine Anwälte benachrichtigt wären. Widerwillig erklärte er sich einverstanden, setzte einen Verhandlungstermin fest und lehnte Kaution ab.

Ich war noch keine Viertelstunde wieder in meiner Zelle, als ich zurück zum Flughafen von Rapid City gescheucht, quer über den Bundesstaat nach Sioux Falls geflogen und im dortigen Staatsgefängnis in einen Zellenblock namens »Aufbewahrungs-Center« geworfen wurde. Dies war eine der höheren Schulen für Indianer, in denen ein Jahrzehnt zuvor AIM seinen Anfang genommen hatte. Da saß ich nun im Loch, ohne zu wissen, ob ich Anwälte hatte, ob meine Eltern oder Unterstützer überhaupt wußten, wo ich war, und ohne einen Pfennig Geld, um mir Briefmarken oder Zigaretten oder Papier und Bleistift kaufen zu können. Ich hatte keine Möglichkeit herauszufinden, was draußen vor sich ging, ob sich überhaupt irgend jemand für mich interessierte. Alle anderen Häftlinge, die ich sehen konnte, waren weiß. Ich hätte nicht einsamer, isolierter sein können. Ich beschloß, den Mund zu halten und schlafen zu gehen. Ich hatte vielleicht noch sechs oder sieben kanadische Zigaretten und wollte erst noch eine rauchen. Ich lag auf der Pritsche, blies den Rauch zur Decke und wünschte mir insgeheim, daß der Rauch meine Gebete zur Himmelswelt hinauftragen würde. Hilfe von dort konnte ich wirklich gut gebrauchen, wenigstens ein kleines Zeichen, daß der Große Geist noch wußte, daß ich existierte. Dann hörte ich aus der Zelle nebenan eine rauhe Stimme: »Ey, Mann, ist das etwa 'ne Zigarette, die du da rauchst?« Es war ein Weißer, etwa in meinem Alter, der ziemlich fies aussah.

Ich sagte: »Ja ... und?« Ich nahm an, daß er mir deswegen jetzt Ärger machen würde.

»Hör sofort auf zu rauchen«, sagte er, »und gib den mir. Ich geb dir fünf Briefmarken dafür.«

Es stellte sich heraus, daß ich die einzigen Zigaretten im Loch besaß. Sie waren ihr Gewicht in Gold wert – oder zumindest in Briefmarken. Weit mehr wert waren sie noch unter Freunden. Ich hatte nicht vor, an diesem Punkt in meinem Leben noch Kapitalist zu werden und einen Riesenprofit daraus zu schlagen. Ich bot ihm eine ganze Zigarette für eine Briefmarke an – ein fairer Handel, dachte ich, dann kann ich meiner Familie schreiben, wo zum Teufel ich bin. Er war ungemein dankbar und muß mir das etwa zehnmal gesagt haben, während er sie anzündete und beinahe andächtig den verbotenen Tabakrauch inhalierte. Ich dachte mir, daß der Große Geist wohl unserer beider Gebete erhören mußte. Seltsam, wie unter bestimmten Umständen eine Zigarette und eine Briefmarke wahre Schätze, ja, beinahe kleine Wunder, werden können. Ich bekam von meinem neuen Freund nicht nur meine Briefmarke, sondern auch Papier und Bleistift und einen Briefumschlag.

Er fragte mich nach meinem Namen, und als ich ihn nannte, wurde er ganz aufgeregt.

»Du bist *Leonard Peltier*? O Mann, ... *wow*!«

Er schrie den Gang hinunter: »Ey, Leonard Peltier ist hier bei uns! Habt ihr gehört? *Leonard Pelteeer!!!*«

Ich begann zu begreifen, daß man mich nicht vergessen hatte. Aber es war mir auch peinlich.

Ein ganzer Chor von Stimmen rief mir Aufmunterungen zu, und plötzlich hatte sich meine Isolation in Luft aufgelöst. Ich hörte sogar ein paar Typen rufen: »Halt durch, *Bruder*!«, so daß ich wußte, daß zumindest ein paar andere Indianer hier drin waren. Verdammt, im Vergleich zu den paar Minuten vorher fühlte ich mich plötzlich zu Hause! Also reichte ich die restlichen Zigaretten durchs Gitter, und sie wurden von einer Zelle zur nächsten weitergegeben. Jeder nahm ein paar tiefe Züge und gab sie dann weiter.

Wir rauchten alle gemeinsam und beteten damit in gewisser Weise gemeinsam, und irgendwie schienen diese sechs halb zerkrümelten, halb zerquetschten Kippen ungefähr zwölf Männern mehrere Stunden lang zu reichen, bis spät in die Nacht, bis wir uns schlafen legten. Erinnert mich irgendwie an die Brotlaibe und die Fische, von denen ich als Kind in der weißen Kirche hörte, wohin Gamma mich mitnahm. Damals habe ich nie daran geglaubt. Aber jetzt, da ich es selbst mit diesem halben Dutzend kanadischer Zigaretten erlebt habe, bin ich bereit, es zu glauben. Manchmal sind es die kleinen, alltäglichen Wunder, die einem die Kraft geben weiterzumachen.

Ich würde diese Kraft auch brauchen, um zu überstehen, was in den folgenden Monaten auf mich zukam, als ich zwischen den diversen Gefängnissen der Gegend hin und her geschoben wurde. Polizisten und Wärter drohten mir tagtäglich mit dem sicheren Tod, »ganz gleich, was im Gericht passiert«. Ich bekam kalte, geschmacklose Mahlzeiten gebracht, durfte nicht zum Auslauf in den Hof, keine Besuche meiner Familie empfangen, nicht einmal duschen.

In einem Gefängnis erzählte mir ein Kalfaktor, daß sie in mein Essen uriniert hatten. Als ich den vollen Teller durch den Türschlitz wieder zurückschob, schoben sie ihn wieder herein und sagten: »Iß das oder stirb, du Stück Dreck!« Ich wollte lieber verhungern, als das zu essen, und schob den Teller erneut durch den Schlitz. Sie schoben ihn wieder herein. Als ich ihn wieder hinausschob, erschienen der Sheriff und ein halbes Dutzend Wärter vor meiner Zelle. Die Tür glitt zur Seite, und da standen sie, ein wild dreinblickender Mob, bereit, sich auf ihr Opfer zu stürzen. Dann kamen sie nacheinander herein. Ich stand mit dem Gesicht zu ihnen an der Rückwand meiner Zelle. »Na los, kommt schon her, heute ist ein guter Tag, um zu sterben!« stieß ich ihnen entgegen. »Laßt uns loslegen!« Das ließ sie wohl stutzen. Ich meinte es todernst. Sie drängten sich alle in die Zelle, bis sie voll war, und dann brüllten und schrien und spuckten sie mich an und fuchtelten mit ihren Fäusten in der Luft. Ich brüllte und schrie und spuckte zurück und wartete auf ihren Angriff. Mist, ein schneller Tod durch sie war jederzeit lebenslänglichem Gefängnis vorzuziehen. Ein paar von ihnen wollte ich mit mir nehmen, sofern ich konnte. »Wer kommt zuerst dran?« fragte ich. Ich verbarg meine eigene Angst. Ich spürte, wie mein Magen sich umdrehte, aber ich unterdrückte das Gefühl. Der Sheriff, der alle angestachelt hatte und mir seine geballte Faust direkt unter die Nase hielt, blickte mir direkt in die Augen. Es dämmerte ihm, daß er der erste wäre, und plötzlich sah er ängstlich aus und wich zurück. Er befahl allen, nach draußen zu gehen, und sie zogen sich zurück. Erstaunt rief ich hinter ihnen her: »He, kommt wieder rein, ihr Angsthasen! Na, kommt schon!« Sie schlossen die Tür und verschwanden. Nach vier Tagen, in denen ich keinen Bissen anrührte, rief der Sheriff im Bezirksbüro an und ließ mich aus seinem Gefängnis holen, ehe ich starb. Das wäre schlechte Publicity gewesen, also kamen sie und holten mich da raus.

Ich weiß gar nicht mehr, wo ich vor, während und nach meiner Verhandlung in Fargo überall eingesperrt wurde. In der Zwischenzeit hatte mein Anwalt, Bruce Ellison, mit einer Klage gedroht, sollte mir nicht wenigstens ein Mindestmaß an Rechten zugestanden werden, und so durfte ich nach einem Monat Isolation endlich einen kurzen Besuch meiner Familie erhalten, wenn wir auch durch eine Glasscheibe getrennt waren und nur über Telefonhörer miteinander reden konnten.

Etwa zwei Tage vor meiner Verurteilung in Fargo konnte ich endlich einmal anständig duschen und mich ordentlich rasieren, ich bekam saubere Kleider anzuziehen und wurde für kurze Zeit – fast – wie ein menschliches Wesen behandelt.

Tritt ein in Leavenworth

Am 1. Juni 1977, um neun Uhr morgens, wurde mir im Gerichtssaal von Fargo das Urteil verkündet: zweimal lebenslänglich. Sofort danach wurde ich unter schwerer Bewachung auf dem schnellsten Wege nach draußen und zum Flughafen von Fargo gebracht. Ein paar Stunden später landete ich auf dem internationalen Flughafen von Kansas und wurde im Auto zur Bundesstrafvollzugsanstalt Leavenworth, Kansas, gefahren – knapp eine weitere Stunde mit dem Auto entfernt.

Ein kalter Schauer lief mir über den Nacken, als wir an der endlos langen, fünfeinhalb Meter hohen Steinmauer entlang fuhren und dann in die Auffahrt zum Haupteingang von Leavenworth bogen. Die gewaltige Größe des Gebäudes ist schon angsteinflößend. Der seltsame Eindruck wird noch verstärkt durch die silberfarbene Kuppel in der Mitte, die wie zum Hohn an das Capitol in Washington erinnert – dazu dann die Phalanx aus Steinmauern, Maschendrahtzäunen und Stacheldrahtrollen und die steinernen Löwen, die unter einem drohend aufragenden Geschützturm mit leeren Augen die Eingangsstufen bewachen. Alles zusammen wirkt wie das Werk eines wahnsinnigen, sadistischen Architekten, der jedes Detail zweifelsohne zu dem einzigen Zweck entworfen hat, das üble Gefühl des blanken Horrors zu verstärken.

Ich ging in meinen Ketten und Fußfesseln die Stufen zur ersten von scheinbar unendlich vielen Stahltüren hinauf. Irgendwo tief aus dem Inneren des Gebäudes glaubte ich Schreie zu hören. Oder war das nur der Wind, der oben auf den Mauern durch die Stacheldrahtrollen pfiff? Deine Fantasie beginnt dir plötzlich Streiche zu spielen. Es ist, als ob dein Geist dir zuflüstert, du sollst wegrennen, nicht dort hineingehen, und dann wirst du so stark von Angst ergriffen, daß du es kaum noch ertragen kannst. Deine Knie werden weich, du glaubst, dir in die Hose machen zu müssen, du würdest am liebsten weinen und um Hilfe rufen. Ich hatte den fast unwiderstehlichen Drang, mich an die Beamten zu wenden und sie anzuflehen, sie zu bitten, mich nicht dort hineinzubringen. Hätte ich es getan, hätte meine Stimme bestimmt versagt, und ich wäre in Tränen ausgebrochen. Vielleicht wäre es so gekommen – aber es geschah etwas, das mich davor bewahrte. Als ich einem der Beamten, die mich die Treppe hinaufführten, ins Gesicht sah und hoffte, einen Funken menschlicher Wärme darin zu finden, sah ich überhaupt kein Gesicht, sondern eine Maske aus purem Haß und einen so bösartigen Ausdruck in den Augen, daß er sich gar nicht beschreiben läßt. Er sah meine Angst und meine Schwäche und labte sich daran wie an einem guten Wein. Ich brachte kein Wort heraus. Er lächelte nur sein teuflisches Lächeln und sagte beinahe aufmunternd: »Du bist so gut wie tot, du beschissener Indianerbastard. Aus diesem Gebäude wirst du nicht mehr lebend herauskommen. Dafür werden wir schon sorgen. Auf die eine oder andere Art kriegen wir dich. Warum versuchst du nicht wegzurennen, du mieser Schisser? Na los! Mach mich zum Helden. Ich werd befördert, wenn ich dich umlege!«

Ich schwöre, ich sah, wie sich sein Kopf in den einer Schlange verwandelte, die ihr Gift nach mir spritzte. Meine Gedanken rasten. Ich hatte zittrige Knie, mir war schwummrig, ich war außer Atem und schaffte kaum die nächste Stufe. Doch dann ließ der urböse Blick dieser Giftschlange plötzlich eine ungeheure Kraft in mir aufsteigen – ich weiß nicht, wie. Je länger er mich so haßerfüllt anstarrte, desto stärker wurde ich.

Das ist eine Erfahrung, die man mit dieser Art von Haß macht – er gibt dir die Kraft, ihn zu überwinden. Innere Stimmen schrien mich an, stark zu bleiben, Wut und Angst, die mir so wilde Gedanken duch den Kopf jagten, zu unterdrücken, meine Fassung wiederzuerlangen, ehe ich etwas tat, wodurch ich meine Selbstachtung verlieren und zu dem zitternden und winselnden Opfer würde, als welches er mich sehen wollte. Wie ein glühendheißer Lavastrom flossen Kraft und Mut wieder in meinen Körper zurück. Meine Beine zitterten nicht länger. Ich bekam wieder Luft. Vor meinem inneren Auge tauchten leuchtende Bilder vom Sonnentanz auf, der heilige Lebensbaum, der mich mit der Welt verband, die Spieße, die in mein Fleisch gebohrt wurden, die Riemen, die sich immer fester zogen, bis die gespannte Haut riß und ich befreit war. Und sofort konnte ich zu diesem heiligen Schmerz eine Verbindung aufbauen und fand darin eine unerschöpfliche Kraftquelle. Ja, all dies war nur eine Fortführung meines Sonnentanzes. Dies war mein Opfer an Tunkashila, das Große Geheimnis – mein Fleisch, mein Leben, meine Existenz. Sie konnten meinen Körper lebendig begraben, aber meinen Geist konnten sie nicht anrühren.

So ruhig wie noch nie zuvor in meinem Leben wandte ich mich an diese Schlange in Menschengestalt. Gerade als er das letzte Mal sagte: »Versuch doch abzuhauen, du Dreckskerl«, lächelte ich ihn an und sagte: »Okay, dann mal los. Aber dann mach's auch wie ein richtiger Mann. Gib mir wenigstens eine Chance und nimm mir eine dieser Fußfesseln ab, damit ich laufen kann. Komm schon ... dann bist du endlich der Held, der du immer sein wolltest. Das ist deine Chance! Ich bin bereit! Na los!«

Auf seinem Gesicht zeigten sich plötzlich Fassungslosigkeit und Unglaube. Er stand einfach nur mit weit aufgerissenen Augen da und starrte mich alarmiert und – ja – ängstlich an! Der andere Beamte neben ihm schob mich die Stufen hoch und bellte: »Nicht stehenbleiben, Mistkerl!« Ich stieß eine passende Beleidigung aus und ging weiter. Und mehr noch, mit jeder Sekunde fühlte ich mich stärker. Nie im Leben würden sie mich brechen können.

Nachdem wir das Gebäude betreten hatten und ich durch eine Reihe zur Seite gleitender Türen mit dunklen Fensterscheiben geschoben worden war, wurde ich angewiesen, an einer bestimmten Stelle in einem Raum stehenzubleiben. Da, wo ich stand, konnte ich die Spiegelbilder der beiden Beamten im dunklen Glas sehen, während sie durch ein kleines Sprechloch im Glas mit dem Wärter im Aufsichtsraum sprachen. Dann kam eine Stimme über den Lautsprecher: »Dreh deine Nase zur Wand. Mach schon, du Dreckskerl, preß deine Nase schön da an die Wand ran. Na, mach schon!« Ich stand einfach da. Wieder kam die Stimme: »Du sollst deine Nase an die Wand drücken oder du kriegst 'nen Tritt in den Arsch!« Wieder reagierte ich nicht. Ich habe festgestellt, daß gar keine Antwort häufig die beste Antwort auf die zahllosen leeren – und weniger leeren – Drohungen ist, die man hinter diesen Mauern zu hören bekommt. Sei gefaßt auf das, was kommt, bleib locker, bleib achtsam – und tu gar nichts. Bleib standhafter als die Mistkerle. Es funktioniert nicht immer, aber meistens.

Und so nahm mein Gefängnisleben seinen Anfang, eine lange, lange Abfolge verschwommener Bilder. Ich möchte euch nicht mit den zahllosen Überführungen von Leavenworth in andere Bundesgefängnisse und zurück langweilen – nach Terre Haute, Marion, Springfield und so weiter. Jedes Gefängnis hat seine eigenen zahllosen kleinen und großen Horrorgeschichten. Als ständiger Gast der Hölle lernt man, daß der Teufel viele Häuser hat, und aus unerfindlichen Gründen pendelt man ständig zwischen ihnen hin und her. Zumindest bekommt man in der Hölle immer sein eigenes Zimmer, oder einen Platz darin. In der Hölle gibt es keine Obdachlosen. In dieser Hinsicht hat sie wohl gewissen anderen Orten etwas voraus.

Kapitel 30

Nach meiner illegalen Auslieferung durch Kanada ereigneten sich einige sehr merkwürdige Dinge. Ohne Begründung wurde meine Verhandlung – die im März 1977 begann – von Cedar Rapids in Iowa, wo ihr der gleiche Richter vorgesessen hätte wie bei dem Freispruch von Butler und Robideau, in ein offenkundig indianerfeindliches Gericht in Fargo, North Dakota, verlegt. Der vorsitzende Richter war bekannt für den harten Kurs, den er gegenüber Indianern fuhr. Das Beweismaterial für das Fehlverhalten der Regierung und ihr gesetzwidriges Handeln, das die Jury in Cedar Rapids so entscheidend beeinflußt hatte, wurde im Gerichtssaal von North Dakota nicht zugelassen. Das gleiche galt für die ganze Vorgeschichte der von der Regierung veranlaßten Unruhen in Pine Ridge in den vergangenen Jahren. Darüber hinaus untersagte mir der Richter – es ist unglaublich – Notwehr geltend zu machen, wie Butler und Robideau es bei der gleichen Anklage getan hatten. Meine gesamte Verurteilung war auf Indizienbeweise gegründet, die meisten davon komplett gefälscht, wie die sogenannte Mordwaffe, die mir nie gehört hatte und nichts mit den Ereignissen in Oglala zu tun hatte. Das wußte das FBI auch sehr wohl, denn wie ihre eigenen Unterlagen später zeigten, hatten sie das ganze Ding schließlich buchstäblich selbst zurechtgeschustert – mit allem Drum und Dran. Eine Farce aus maßlosen Lügen und schamloser Zeugenbestechung wurde in diesem Gerichtssaal gespielt.

Um absolut sicherzugehen, daß die Jury auch wirklich eingeschüchtert war, dachte sich die Regierung unterdessen ein Ammenmärchen aus, das die Presse für bare Münze nahm und sofort verbreitete: AIM-Mitglieder würden jeden Moment den Gerichtssaal stürmen. Sie gingen sogar so weit, die Fenster des Gerichtssaals zu verhängen. Bis an die Zähne bewaffnete Polizisten lauerten überall herum und suchten jeden Schatten nach nicht vorhandenen AIM-Guerillas ab. Die Jury wurde unter schwerem Polizeischutz von mobilen Einsatzkommandos herumkutschiert. Die Fenster ihres Busses waren abgeklebt oder überstrichen. Die ganze Sache war völlig absurd, eine Travestie, eine glatte Lüge wie so vieles andere auch. Unterdessen ließ die Anklage skrupellos endlose Lügen, gefälschte Beweise und falsche Zeugenaussagen einfließen, und natürlich erlaubte der Richter diese. Dies war das amerikanische Rechtssystem von seiner schlechtesten Seite, es spottete der Grundlagen von Wahrheit, Ehrlichkeit und Gerechtigkeit, auf denen es angeblich beruht – es spuckte regelrecht darauf.

Die verständlicherweise verängstigte, rein weiße Jury war bestrebt, so schnell wie möglich wegzukommen, und brauchte kaum sechs Stunden, um zu einem Schuldspruch wegen Mord ersten Grades in zwei Fällen zu gelangen. Auch wenn sie manipuliert und eingeschüchtert wurden – sie hätten doch durchschauen können, was vor sich ging, und dagegen Einspruch erheben können, wie es die Geschworenen in Cedar Rapids getan hatten. Schließlich waren sie diejenigen, die von der Gesellschaft dazu berufen worden waren, um genau dieser Art von Amtsmißbrauch vorzubeugen. Die Geschworenen, die so häufig ausgelacht und beleidigt werden, sind die eigentlichen Wächter des gesamten amerikanischen Rechtssystems und somit der amerikanischen Demokratie selbst. Es lag in ihrer Macht – ja, es war ihre Pflicht –, nicht nur einen unschuldigen Mann freizusprechen, sondern auch die Regierung wegen all dieser Gesetzeswidrigkeiten in ihre Schranken zu weisen.

Zum Schluß der Verhandlung in Fargo deutete der Ankläger mit dem Finger auf mich und verkündete der zitternden Jury mit donnernder Stimme: »*Dieser* Mann ... *Dieser* Mann, der hier vor Ihnen sitzt« – womit er mich meinte, Leonard Peltier, und keinen anderen – habe die beiden schon verwundeten Agenten kaltblütig und aus nächster Nähe mit einem Präzisionsgewehr erschossen ... Der gleiche Ankläger gab Jahre später bei einer meiner vielen Anhörungen für ein Neuverfahren vor Gericht zu, daß die Regierung überhaupt keine Ahnung hatte, wer die Agenten erschoß. Er gab zu Protokoll: »Wir hatten keinerlei direkte Beweise dafür, daß eine bestimmte Person und nicht eine andere abgedrückt hat.«

Das 8th Circuit Court of Appeals räumte bei meiner Anhörung für ein Neuverfahren 1986 ein, daß Beweise gefälscht, entlastendes Beweismaterial zurückgehalten, Zeugen genötigt worden waren und das FBI sich außerdem unangemessen verhalten hatte. Warum wurde ich also nicht sofort als der unschuldige Mann, der ich bin und als den mich ihre zahlreichen eigenen Eingeständnisse ausweisen, aus dem Gefängnis entlassen? Einfach deshalb – wie ich schon immer gesagt habe –, weil *jeder* Indianer recht gewesen wäre, um für den Tod ihrer beiden Agenten zu bezahlen – vorzugsweise ein AIM-ler von »außerhalb«, dem man vorwerfen konnte, Unruhe im Reservat gestiftet zu haben. Das erklärt dann auch, warum die »Außenseiter« Butler, Robideau und ich aus den dreißig oder mehr Anwesenden an dem Tag auf dem Grund der Jumping Bulls als passende Zielscheiben ausgesucht wurden. Auch liefert es eine schlüssige Erklärung dafür, warum die Klage gegen den ortsansässigen Jimmy Eagle fallengelassen wurde. Es sah so aus, als ob ich ihr Mann war. Ja, ich, Leonard Peltier, war der richtige. Diesmal wollten sie keine Risiken eingehen. Ich war der letzte Indianer, den sie noch hatten, um ihm den Mord an ihren beiden Agenten anzuhängen. Konnten sie den wahren Mörder auch nicht kriegen, mich würden sie auf jeden Fall kriegen. Und sie kriegten mich.

Der vorsitzende Richter des Berufungsgerichts lehnte eine Wiederaufnahme des Verfahrens ab, obwohl er das Eingeständnis des Anklägers von damals gehört hatte. Dieses Urteil wurde 1992 bestätigt. Es wurde entschieden, daß zwar nicht der Fitzel eines glaubhaften Beweises meiner Schuld übrigblieb, ich mich aber durch meine bloße Anwesenheit an jenem Tag auf dem Grund der Jumping Bulls der »Beihilfe« am Tod der beiden Agenten schuldig gemacht habe. Daher würde ich meine Haftzeit von zweimal lebenslänglich weiterhin verbüßen müssen. Und das, obwohl die Jury in Fargo mir diese doppelte Höchststrafe speziell dafür gegeben hatte, daß ich angeblich höchstpersönlich die zwei Agenten absichtlich und aus nächster Nähe mit einem Präzisionsgewehr erschossen hatte, nicht wegen des unbestimmten Vergehens, »Beihilfe« geleistet zu haben. *Derselbe* Richter, der 1986 mein Berufungsverfahren abgelehnt hatte, trat dann Jahre später mutig vor und erklärte, die Regierung sei mindestens »gleichermaßen verantwortlich« für den Tod ihrer beiden Agenten. Er schrieb sogar einen Brief an Präsident Reagan, in dem er ihn aufforderte, meine Strafe zu mildern. Ich hätte mir gewünscht, daß dieser Richter und mein Ankläger – und so viele andere, die ähnliches getan haben könnten *und es immer noch tun können* – ein paar Jahre eher vorgetreten wären, um die Wahrheit zu sagen, soweit sie ihnen bekannt war, bevor mir mein Leben gestohlen wurde. Aber auch so bin ich froh über ihre verspäteten Eingeständnisse.

Die Tatsache, daß ich quasi ohne jeden Beweis schuldig gesprochen wurde und daß eine Fülle von tatsächlichen Beweisen für das Gegenteil, wie überzeugend auch immer, nicht auszureichen scheint, um nach einem knappen Vierteljahrhundert meine Entlassung zu erwirken oder wenigstens ein Wiederaufnahmeverfahren, geschweige denn Bewährung, ist genau der Grund, warum man mich einen »politischen Gefangenen« nennt – zweifelsohne zur großen Beschämung der US-Regierung.

Man hat mir gesagt, daß es bei der letzten Zählung mehr als 25 Millionen Menschen auf dieser Mutter Erde waren, die sich in ihrem geschäftigen Leben die Zeit genommen haben, eine Petition für meine Freilassung zu unterschreiben. Ich bin jedem einzelnen dieser Menschen dankbar. Ich möchte jedem von euch persönlich danken. Und ich möchte noch sagen, wie wertvoll die warme Unterstützung der verstorbenen Mutter Teresa, des Erzbischofs Desmond Tutu, des Dalai Lama und all der anderen Fürsprecher der Unterdrückten und Besitzlosen auf diesem Planeten für mich ist.

Mitakuye Oyasin. Wahrhaftig. Wir sind *alle* miteinander verwandt.

Kapitel 31

Eine weitere merkwürdige Sache passierte mir ein paar Jahre nach meiner Verurteilung in Fargo – um genau zu sein, gleich nachdem der Supreme Court 1979 das erste Mal abgelehnt hatte, meinen Fall wiederaufzunehmen. Eines Tages wurde ich unerklärlicherweise und ohne vorher darüber in Kenntnis gesetzt worden zu sein in ein anderes Gefängnis verlegt. Ich kam vom Hochsicherheitsgefängnis in Marion, Illinois – einem wahren Höllengrund auf Erden, dem »neuen Alcatraz« für die »unverbesserlichen« Gefangenen, wo ich die meiste Zeit in Isolationshaft verbracht hatte – in eine Gefängnisanstalt mit vergleichsweise einfachen Sicherheitsvorkehrungen in Lompoc an der milden zentralkalifornischen Küste nahe Santa Barbara. Komisch. Was ging hier vor? Waren ihre Herzen plötzlich weich geworden? Oder ihre Köpfe? Eher unwahrscheinlich.

Ich wurde von eben dem Mann vor dem Mordkomplott gewarnt, der ursprünglich den Mord ausführen sollte, ein indianischer Mitgefangener in Marion, ein enorm tapferer Mensch namens Robert Standing Deer Wilson. Unter großem Druck hatte er widerstrebend eingewilligt, ihre Drecksarbeit für sie zu verrichten und »sich Peltier zu holen«. Im Gegenzug dafür versprachen sie ihm, eine bestehende Mordanklage gegen ihn fallenzulassen und endlich seine äußerst schmerzhaften Rückgratbeschwerden zu behandeln, was sie ihm jahrelang verweigert hatten.

Aber nachdem er in die Verschwörung eingewilligt hatte, konnte Standing Deer sich nicht dazu durchringen, es zu tun. Er kam zu mir und erzählte die ganze Verschwörung. Im Rückblick glaube ich, daß es genau das war, was sie von ihm wollten – mich in Todesangst zu versetzen, damit ich einen Ausbruch versuchen würde. Dann konnte ich problemlos bei meinem Fluchtversuch umgebracht werden. Standing Deer erzählte mir, daß wir beide nach kurzem Zwischenaufenthalt in Leavenworth von Marion nach Lompoc verlegt werden sollten. Er erzählte mir, sie hätten ihm gesagt, daß er nicht der einzige Mörder sei, den sie auf mich angesetzt hätten. Sie sagten, ein anderer Indianer, den er nicht kenne, der aber auch für Lompoc vorgesehen war, hätte gleichzeitig auch einen Auftrag. Nachdem Standing Deer unwissentlich den Part erfüllt hatte, den sie für ihn vorgesehen hatten, wurde er in Leavenworth behalten, während ich in dem Wissen – oder in dem Glauben – nach Lompoc kam, daß dort mein Mörder bereits auf mich wartete. Das genau war es, was ich denken sollte. Kurz nach meiner Ankunft in Lompoc näherte sich mir auch gleich ein überfreundlicher und suspekter indianischer Häftling, der, wie ich dachte, wohl mein Mörder sein mußte.

Meine Tage in Lompoc waren ohne Frage gezählt. Ich hatte keine Wahl: wenn ich nicht eines Morgens tot aufwachen wollte, mußte ich einen Ausbruch versuchen. Genau das wollten sie natürlich. Denn dabei wäre es nicht nur einfach, sondern auch gerechtfertigt, mich umzubringen. Im nachhinein bereue ich den Fluchtversuch jedoch zutiefst. Man hatte mir eine Falle gestellt, und ich bin darauf reingefallen. Ich muß für immer darunter leiden, daß die beiden anderen, die 1978 mit mir ausbrachen, den Preis dafür zahlen mußten. Sie hatten bei dem Ausbruch nur mitgemacht, um mir zu helfen. Dallas Thundershield wurde von hinten erschossen, kaum daß wir es nach draußen geschafft hatten, und Bobby Garcia wurde zwei Jahre später tot in der Krankenstation des Bundesgefängnisses von Indiana bei Terre Haute aufgefunden. Sie sagten, er habe sich erhängt. Merkwürdigerweise hatte er außerdem eine Überdosis Barbiturate im Blut. Sie wollten wohl kein Risiko eingehen.

Und Standing Deer – nachdem er unwissentlich seine Rolle erfüllt hatte, wurde er dafür belohnt, indem sie ihn zurück in ein eisernes Loch in einem Gefängnis in Texas warfen. Das ist das letzte, was ich von ihm gehört habe. Sie bringen dich hier drinnen nicht nur einmal um, sie tun es jeden Tag. Und jeden Tag werden wir wieder geboren, ob man es mag oder nicht, um wieder zu leben – und zu sterben.

Warum haben sie mich nicht auch auf der Flucht umgebracht? Ohne Zweifel wollten sie es. Nachdem wir es nach draußen geschafft hatten, rannte und kroch und wühlte ich mich auf dem Weg nach überall und nirgendwo über unebenes und unbekanntes Land durch die Nacht. Ich konnte ihre Rufe und heulenden Sirenen hören. Irgendwie kam ich davon. Vielleicht bekam ich wieder ein Geisterhemd geliehen? Ich versteckte mich fünf Tage lang in Gräben und im Unterholz. Wie es schien, war ich der ewige Flüchtling geworden.

Schließlich wurde ich durch Zufall von einem Farmer in einem Feld entdeckt. Er alarmierte die Behörden. Ich hätte ihn wohl töten können, als er über mich stolperte, aber ich hatte nicht vor, all ihre Anschuldigungen gegen mich wahr werden zu lassen. Ich hatte ein altes Gewehr, das ein freundlicher Mensch mir nach meiner Flucht zugesteckt hatte, aber ich habe noch nie jemanden getötet und werde es auch nie tun. Er war nur ein einfacher Mann, wie ich. Ich versuchte zuerst abzuhauen, sah aber bald ein, daß es sinnlos war, weiter zu fliehen. Sie wußten nun, wo sie suchen mußten.

Als sie mich aus ein paar Kilometer Entfernung entdeckten, machte ich keinen Versuch, Widerstand zu leisten, sondern ergab mich. Bei all der öffentlichen Aufmerksamkeit wegen meiner Flucht wären sie in eine sehr unangenehme Situation geraten, wenn sie mich kaltblütig erschossen hätten. Damit rechnete ich.

Sie legten mir Handschellen an und brachten mich für einen Tag ins Gefängnis von Lompoc zurück. Danach wurde ich mit einem Privatjet in den Hochsicherheits-Höllengrund zurückgeflogen, in dem das ganze Mordkomplott begonnen hatte, die Bundesstrafanstalt Marion, Illinois. Nach Lompoc war ich ja sowieso nur gekommen, um mir die Flucht und ihnen meine Beseitigung zu erleichtern. Es kam zu einer Verhandlung, und ich bekam noch sieben Jahre an meine zweimal lebenslänglich angehängt. Zu dem Zeitpunkt war es wirklich nicht mehr nötig, mich umzubringen – außer, wenn es im Stillen geschehen konnte, ohne Aufsehen oder öffentlichen Aufruhr zu erregen. Ganz sicher wollten sie keinen offenen Mord riskieren, der ernsthafte Ermittlungen nach sich ziehen würde. Ich war sowieso schon ein lebender Toter.

Die Besorgnis meiner Unterstützer hat mich seither am Leben gehalten. Ihre selbstlosen Bemühungen für meine Sache geben mir Kraft, ja, spornen mich an, den Kampf nicht aufzugeben. Solange sie zusehen und ein wachsames Auge auf mich haben, ist es unwahrscheinlich, daß man weitere Mordpläne gegen mich schmiedet. Die Bundespolizisten ärgern sich bestimmt, daß sie es damals nicht geschafft haben, mich zu töten, aber heute würde es keinen großen Zweck mehr erfüllen, so lange nach dem Geschehen. Man muß der Sache ins Gesicht sehen – diejenigen, die mich hier eingesperrt haben, denken, sie haben gewonnen. Mich jetzt zu töten, würde nur eine Untersuchung durch den Kongreß heraufbeschwören, die vielleicht das ganze verworrene Dunkel sämtlicher Missetaten der Regierung vom 26. Juni 1975 bis heute erhellen würde.

Kapitel 32

Meine unendlich geduldigen Anwälte haben in zahllosen Anhörungen und Anträgen während der letzten nunmehr dreiundzwanzig Jahre immer wieder meine Unschuld dargelegt. Es gab viele, viele Momente, in denen meine Entlassung oder zumindest eine Neuverhandlung meines Falls absolut gewiß zu sein schien – so erdrückend sind die Beweise dafür, daß ich zu Unrecht verurteilt wurde. Die Anträge auf eine Neuverhandlung, in der meine Anwälte unter anderem beweisen könnten, daß die angebliche Mordwaffe gefälscht war, sind wiederholt abgelehnt worden. Die Gerichte haben geurteilt, daß die Regierung entlastendes Beweismaterial, mit dem ich meine Unschuld hätte beweisen können, zurückgehalten hat. Sie haben festgestellt, daß der ursprüngliche Richter falsche Anordnungen traf, so daß ich daran gehindert wurde, mich angemessen zu verteidigen. Die US-Regierung hat zugegeben, für meine unrechtmäßige Auslieferung aus Kanada im Jahre 1976 verantwortlich zu sein. Den kanadischen Behörden wurden falsche eidesstattliche Erklärungen unterbreitet. Darüber hinaus wurde ich aufgrund einer Mordanklage ausgeliefert, ohne daß direkte Beweise gegen mich vorlagen.

Aber all unsere Einsprüche sind auf taube Ohren gestoßen und abgelehnt worden, und jedesmal mußten wir den langwierigen, qualvollen, aufreibenden Prozeß von neuem beginnen. Es gibt wahrscheinlich nichts Ermüdenderes und Langweiligeres als Anträge zu stellen – außer natürlich, es steht dabei etwas auf dem Spiel, wie das eigene Leben oder die Freiheit.

Ich habe bereits beschrieben, was ich an jenem Tag erlebt habe. Ich kann nur erzählen, was ich persönlich gesehen oder getan habe. Ich habe nur zur Selbstverteidigung geschossen, genau wie ein Dutzend andere oder mehr auch. Ich habe nicht geschossen, um jemanden zu töten, sondern um diese unbekannten Eindringlinge und alle, die sonst noch auf uns schossen, auf den Boden zu zwingen, während wir zu fliehen versuchten. Ich versuchte nicht, Leben zu nehmen, sondern Leben zu retten. Ich hatte Frauen, Kinder und Älteste in meiner Obhut. Ich tat mein Bestes, sie zu verteidigen, ihnen zu helfen, sie zu retten. Und ich tat dies nicht mit einem Gewehr – denn bei den Gewehren stand es tausend zu eins gegen uns –, sondern mit Hilfe eines Gebets an den Großen Geist, das Große Geheimnis, und mit der Führung des heiligen Adlers, der uns durch ein Wunder gesandt wurde, um uns zu retten.

Ungeachtet dessen, was seitdem mit mir passiert ist, bin ich immer noch dankbar, daß ich helfen konnte, das Leben einer kleinen, wehrlosen Gruppe indianischer Menschen zu retten. Das ist die einzige »Beihilfe«, die ich an diesem Tag geleistet habe.

Meine rechtlichen Bemühungen um ein Neuverfahren gehen unvermindert weiter, obwohl der Supreme Court es 1987 abgelehnt hat, meinen Fall wiederaufzurollen. Es haben sich so viele zwingende Beweise und Zeugenaussagen angesammelt, die für meine Unschuld und das Fehlverhalten der Regierung sprechen, daß ich mich schon darauf freue, in einem transparenten und ehrlichen Verfahren öffentlich rehabilitiert zu werden – sollte die Regierung je ein neues Verfahren zulassen. Bis dahin konzentrieren sich unsere rechtlichen Bemühungen auch darauf, Bewährung und/oder die Begnadigung durch den Präsidenten zu erwirken. Vor fünf Jahren lehnte die Kommission für Bewährungsstrafen mein Gesuch ab – obwohl ihr eigener Sachverständiger sich für Bewährung aussprach. Diese Entscheidung haben sie erst kürzlich, im Mai 1998, von neuem bestätigt. Sie sagten mir, ich solle mich im Jahr 2008 wieder darum bemühen. Eine so einfache Handlung der Parole Commission, wie meine »aufeinanderfolgenden« Haftstrafen in »zusammenfallende« Haftstrafen umzuändern, würde mir schon meine Freiheit und wenigstens einen Teil meines Lebens zurückgeben, wenn auch nur meinen Lebensabend. Ich bete, daß sie dieses eine Wort ändern.

Mein Hauptrechtsanwalt, der ehemalige US-Generalstaatsanwalt Ramsey Clark, hat Ende 1993 auch ein offizielles Gnadengesuch an Präsident Clinton gerichtet. Hiermit wird kein Schulderlaß erwirkt, sondern einfach ein Befehl des Präsidenten, mich nach »abgegoltener Zeit« aus dem Gefängnis zu entlassen. Dies ist, wie es scheint, meine letzte und beste Hoffnung auf Freiheit. Das Gesuch wurde zur Durchsicht ans Justizministerium weitergeleitet, das, soweit ich es verstanden habe, eine offizielle Empfehlung an den Präsidenten verfassen muß, nachdem es alle Aspekte meines Falls untersucht hat.

Nach fünf weiteren Jahren hinter Gittern warte ich immer noch auf diese überfällige Empfehlung des Justizministeriums. Ich bete inständig darum, daß sie bald kommt. Ich bete, daß ein goldener Adler sich von der Fahnenstange im Oval Office des Präsidenten erhebt und diese überfällige Empfehlung vom Schreibtisch des Generalstaatsanwalts rasch zum Schreibtisch des Präsidenten befördert. Und ich bete darum, daß der Adler dort auf seinem Schreibtisch steht, dem Präsidenten in die Augen starrt und seinen Schrei mit dem Schrei der Millionen Menschen in der Welt verbindet, die den Präsidenten um meine Freilassung gebeten haben, während er dasitzt und das Gnadengesuch dieses unschuldigen Indianers prüft.

Erst vor ein paar Nächten träumte ich, ich stünde mit einer Gruppe Indianer im Oval Office. Ich bin voller Zuversicht, daß dieser Traum bald Wirklichkeit wird.

* * *

Unterdessen schwindet mein Leben dahin.

Das Leonard Peltier Defense Committee und meine Unterstützer haben seit Jahren auf eine Anhörung meines gesamten Falls im Kongreß gedrängt. Wie mir gesagt wird, besteht Grund zur Hoffnung, daß dies in naher Zukunft tatsächlich zustande kommt. Zahlreiche Kongreßabgeordnete und Senatoren haben mir ihre offene Unterstützung zugesichert. Aber selbst eine Anhörung vor dem Kongreß – egal, wie aufschlußreich sie ist – wird mich per se noch nicht befreien. Nur wohlwollende Menschen in der Regierung, und insbesondere der Präsident selbst, können dies tun. Ich warte darauf, bei ihnen – und bei euch – Beachtung und Mitleid zu finden.

Ich bin ein Indianer. Mein einziger Wunsch ist es, wie einer zu leben.

Kapitel 33

Im Moment, während ich dies hier schreibe, im beginnenden Herbst 1998, bin ich gerade raus aus dem »Schuh« – der SHU oder Special Handling Unit, wie »das Loch« hier in Leavenworth offiziell heißt. Sie werfen dich in diesen kleinen Käfig innerhalb eines größeren Käfigs, ob du nun etwas angestellt hast oder nicht, man kann es also nicht umgehen. Ich suche keinen Ärger. Sogar hier in Leavenworth – *gerade* hier in Leavenworth – versuche ich, Harmonie zu stiften und selbst aus diesem Ort eine bessere Welt zu machen. Ärger zu machen ist das letzte, was ich möchte. Das hieße, den einfachen Weg zu wählen, den dummen Weg. Ärger kommt schon genug von allein, danach muß man nicht suchen. Vor einer Weile gab es hier in Leavenworth einen ziemlichen Aufruhr. Ich habe alles in meiner Macht stehende getan, um unsere indianischen Brüder da herauszuhalten. Ich versammelte so viele ich finden konnte in einer Gruppe und hielt sie von der Rauferei fern. Wir verhielten uns alle ruhig und beteten zusammen, ganz ähnlich wie wir es an dem Tag in Oglala taten, als der Adler erschien, um uns zu retten.

Wenn plötzlich Chaos ausbricht, kommt es oft vor, daß private Rechnungen beglichen werden. Die Shanks – die selbstgemachten Messer – werden aus ihren Verstecken hervorgeholt, und du mußt verdammt scharf aufpassen, wenn du sichergehen willst, daß keins in deinem Leib landet, nur knapp unter dem Brustbein, und deine Gedärme auf den Fliesenboden platschen. Das macht eine Riesenschweinerei. Ich hab so etwas schon gesehen.

Dieses Mal haben wir Indianer zusammengehalten und das Schlimmste vermieden. Es kam kein Adler, aber wir haben überlebt.

Daß ich alles tat, um meine Brüder in Sicherheit und außer Gefahr zu bringen, brachte mir natürlich einen ausgedehnten Aufenthalt im Schuh ein. Weißt du, ich bin daran gewöhnt, für Verbrechen zu zahlen, die ich nicht begangen habe. Ich finde es kein bißchen toll, im Schuh zu sein, das kann ich dir verraten. Man verbringt dreiundzwanzig Stunden am Tag in einem kleinen Käfig innerhalb eines größeren Käfigs. Eine Stunde am Tag darf man in den größeren Käfig, um sich zu bewegen. Der einzige Zweck besteht darin, dich zu brechen. Ich meide das Loch, wenn's geht. Aber sie werden mich darin niemals brechen. Keine Chance.

Unten im Loch träume ich. Ich spüre, wie ich falle und falle. Wie Alice im Kaninchenbau etwa, nur daß mein Fall nie endet. Es gibt keinen Boden, keinen Grund, nichts, was mich aufhält. Es ist kein Raum, durch den ich falle, auch keine Zeit. Es ist das Loch in mir selbst. Ich falle durch leeren Raum, wo eigentlich mein Leben sein sollte. Ich bin auf diese Art jetzt beinahe ein Vierteljahrhundert lang gefallen, im freien Fall von nirgendwo nach nirgendwo. Vielleicht nennen sie es darum »das Loch«. Es ist das Loch in mir selbst, aus dem es kein Entkommen gibt.

Während ich falle, träume ich. Träume ich oder werde ich geträumt? Manchmal bin ich nicht sicher. Hier habe ich jedenfalls einen meiner Träume aufgeschrieben. Ich habe ihn mit leichten Abwandlungen schon viele Male gehabt. Oft kommt er in der Phase zwischen Wachen und Schlaf. Meine Großmutter hat mir erzählt, daß dies ein sehr heiliger Moment ist. In diesem kurzen Augenblick zwischen Wachen und Schlaf tut sich ein strahlender Riß zwischen dieser Welt und der anderen auf, eröffnet sich die größere Wahrheit, die unsere kleine Wahrheit, die wir Leben nennen, umfaßt. Der Traum beginnt immer im Zuhause meiner Kindheit, im kleinen Haus meiner Großeltern in den Wäldern des Turtle Mountain, North Dakota, nahe der kanadischen Grenze. Ich weiß nicht genau, was er bedeutet. Jedesmal wenn ich ihn träume, verändert er sich. Und jedesmal wenn ich versuche, ihn niederzuschreiben, ändert er sich noch mehr.

Wie dem auch sei, ich will ihn hier nehmen, wie er ist, und ihn für euch erträumen. Ich sehe ihn als eine Art Vision, eine verwirrende Botschaft, die mich verfolgt und die ich noch nicht ganz entziffern kann. Ich hoffe, daß ich es eines Tages kann. Hier kommt also der Traum … in seiner momentanen Fassung zumindest, bis er sich wieder ändert:

Die letzte Schlacht

Die Geschichte einer Vision

Ich stehe still an einem kaputten, mit Spinnweben überzogenen Fenster der Holzhütte in North Dakota, die in meiner Jugend mein Zuhause war, und sehe hinein. Es ist, als hätte ich schon seit Stunden, seit Tagen, seit Jahren stumm dagestanden und einfach nur durch die kaputte Scheibe hineingesehen. Drinnen ziehen alle Erinnerungen vorbei, undeutliche Schatten, kaum im Haus erkennbar … Gamma und Gramps, meine Mutter und mein Vater, meine Schwestern, alle Menschen, die einmal mein Leben bestimmt haben … viele, die heute nur noch Phantome sind, wie ich.

Es scheint, als hätte ich Jahrhunderte in diesem beinahe körperlosen Zustand hier verbracht, einfach dagestanden und durch das Fenster gesehen.

Jetzt höre ich jemanden schreien … ein Kind. Es ist ein klagender Schrei, wie ein entfernter Windhauch in der Prärie. Ein Wehklagen, ein Angstschrei. Mein Herz zieht sich in meiner Brust zusammen. Ich kenne diese Stimme. Jetzt verstummt sie. Jetzt setzt sie wieder ein. Jetzt verstummt sie endgültig wieder. Eisige Stille fällt um mich herum und setzt sich in mir nieder.

Es ist natürlich meine Stimme, meine Stimme als Kind, die nach mir ruft. Meine Lippen sind gefroren. Ich kann nicht zurückrufen. Ich kann nicht antworten, nur zuhören, wie das Geräusch abebbt und wiederkehrt, abebbt und wiederkehrt, wie ein weit entfernter einsamer Wind in der Prärie.

Ich bin nach Hause gekommen, aber es ist kein Zuhause mehr da, zu dem ich kommen kann. Es gibt nur das Fenster mit der gesprungenen Scheibe und den Spinnweben. Ich schaffe es, mich wegzureißen. Mein Körper fühlt sich unendlich schwer an. Meine Füße sind wie aus Beton. Jeder Schritt ist eine Qual. Heimgesucht von Leere und Erinnerungen, die sich gegen das Erinnern sträuben, reiße ich mich buchstäblich von meinem Körper los. Er bleibt dort am Fenster stehen, und mein wahres Ich, mein Geist, windet sich los, bis er ganz frei ist und wie in einem Strudel aus Funken nach oben fliegt.

Mein Geist wandert nun zu Fuß durch dies uralte, mir einst vertraute Heimatland. Meine Füße betreten die versteckten Pfade, auf denen meine Leute gingen. Lange sind sie schon verlassen; blasse Erinnerungen nur an das, was einmal war und nie mehr wiederkommt. Wieder und wieder höre ich das entfernte Schreien im Wind.

Ich komme an ein Flußufer. Am Wasser hockt ein alter Indianer mit glänzendem, langem, silbernem Haar, das ihm in zwei festen Zöpfen bis zu den Hüften reicht. Abwesend wirft er Kiesel in das schlammige, graue

Wasser. Tote und sterbende Fische, Schildkröten und Kaulquappen liegen verstreut am Ufer.

Ich frage mich, wer der silberhaarige Alte ist, denn mit den Jahren habe ich die meisten Ältesten unseres Volkes kennengelernt. Er ist keiner, an den ich mich erinnern könnte, und doch ist etwas merkwürdig Vertrautes an ihm. Als ob meine Gedanken gesprochen hätten, steht er plötzlich auf, dreht mir sein Gesicht zu und blickt mir aus uralten, argwöhnischen Augen ins Gesicht. Als würde er mein innerstes Wesen prüfen. Mit dem Anflug eines Lächelns auf seinen dünnen, farblosen Lippen nickt er mir dann zu, als hätte er mich erwartet. Er hebt eine Hand und bedeutet mir näherzukommen. Ich folge ihm.

Beim Näherkommen sehe ich, wie dunkle Tränen sich in seinen Augen bilden, ihm über die Wangen laufen und langsam ins Wasser tropfen. Als ich noch näherkomme, stelle ich schockiert fest, daß die Tränen aus Blut sind!

Jetzt beginnt er, sanft zu sprechen. Auch in seiner uralten Stimme liegt das klagende Geräusch des Windes.

»Mein Sohn … Mein Sohn …«, sagt er unendlich traurig. Er legt eine geisterhafte blaue Hand auf meine Schulter und blickt tief in meine Seele.

Er fährt fort:

»Ich bin ein alter Mann, die Jahre und der Kummer haben mich gebeugt. Ich bin der ursprüngliche Keim des Lebens, den der Große Geist dem Volk herabgereicht hat. Jeder der Kiesel, die ich wegwerfe, ist ein verlorener Traum von unserem Volk. Ein Traum, der untergeht und

nicht mehr ist, aber für alle Zeit ein Kräuseln auf dem Wasser hinterläßt.

Ich bin die Stimme der Ältesten aus alten Zeiten, jetzt, da ihre Stimmen schweigen. Ihre Stimmen sprechen durch mich.

Ich bin die Stimme eines Volkes, einer großen Nation, die in ewigen Fesseln liegt. Diese Tränen aus Blut, die aus meinen Augen treten, sind das Blut der Menschen, die Tränen der Menschen, die Qualen der Menschen, deren Knechtschaft bis heute anhält.

Ich bin die Stimme von Mutter Erde selbst. Und ich bin auch die Stimme derjenigen, die gegen ihre Zerstörung protestieren. Ich bin die Stimme des Widerstandes. Ich bin ein Chor von Millionen.

Ich spreche für jene, die nicht sprechen können, deren Stimmen heute schweigen. Immer, wenn der Wind weht, der Regen fällt oder der Donner grollt, hörst du ihre Stimmen in meiner. Ich spreche für sie.

Und ich bin die Stimme der Siebten Generation, all jener, die noch geboren werden. Sie flehen uns an, ihnen eine Welt zu hinterlassen, in die es sich lohnt, geboren zu werden. Auch für diese spreche ich.«

Während er spricht, erhebt sich der Wind um uns herum und heult auf, wie ein Chor aus Geisterstimmen. Er packt meine Schulter mit dieser Hand, die einer blauen Klaue gleicht, und rüttelt mich sanft, so sanft, wie man ein Kind aus dem Schlaf weckt.

»Und Leonard«, sagt er, »auch dieses sollst du wissen. Ich bin deine eigene Stimme. Aus deinem Inneren

spreche ich zu dir. Laß die Ältesten durch dich sprechen. Sei eine Stimme für das Volk. Sprich die Worte, die ich dir in den Mund lege. Sende sie in die Welt hinaus. Sprich das Unausgesprochene, damit die Gehörlosen hören mögen. Werde zum Sprecher für die Erde. Niemals laß die Stille siegen ...«

Seine klauenartige Hand läßt meine Schulter los, und ich sehe zu, wie er sich aufzulösen beginnt und im Flußnebel verschwindet. Ich strecke die Hand aus, um ihn zu berühren, aber wo er gerade noch stand, ist nur noch leerer Raum.

Der geisterhafte Chor der Stimmen des Windes verstummt mit einem letzten, anhaltenden Klagen.

Ich bin wieder allein.

Am Flußufer, wo der Alte Mann gestanden hat, liegt ein kleiner Haufen Kieselsteine. Verlorene Hoffnungen. Verlorene Träume. Ich bin froh, daß er sie nicht alle ins Wasser geworfen hat.

Ich steckte sie mir in die Tasche. Bis zum heutigen Tag erscheinen die Hoffnungen und Träume meines Volkes vor meinem inneren Auge, wenn ich die Kiesel herausnehme und zwischen meinen Fingern reibe. Ich stelle mir vor, die verlorene Welt käme plötzlich zurück, wenn ich sie nur lang und intensiv genug riebe. Wer kann schon sagen, ob die andere Realität vielleicht nicht ebenso real ist wie jene Realität, die wir menschlichen Wesen anscheinend so unbedingt entheiligen wollen? Ich glaube, daß sie real ist. Ich weiß, daß ich selbst eines Tages in nicht allzu ferner Zukunft in diese andere Realität ein-

treten werde. Und meine Familie und all meine Freunde und Kameraden von den Kriegern im Geiste werden dort sein, mich zu begrüßen. Ich freue mich schon darauf.

Mein Geist schreitet weiter. Aufgewühlt, wütend und durcheinander bewege ich mich durch das spukende Reservat. Kreaturen des Großen Geistes liegen regungslos am Wegesrand. Als Mißbildungen stolpern andere umher, sie zittern vor Angst. Kein Laut kommt von ihren Lippen. Sie haben keine Stimmen. Ich weine. Ich weine an ihrer Statt. Ich leihe ihnen meine Stimme. Mit ihrer Stimme flehe ich euch an.

Ich gehe durch den Tod um mich herum. Ich richte meinen Blick gen Himmel, ich will die wunderschönen Geschöpfe der Luft ansehen, die einst anmutig und voll Lebenskraft auf dem Wind ritten. Aber auch sie sind fort. Das Land, der Himmel, das Wasser, alles ist tot, leblos, stimmlos. Mutter Erde breitet sich unfruchtbar vor mir aus, stimmlos auch sie. Die gedankenlose Gewalt, die ihr und ihren Kindern, dem indianischen Volk, angetan wurde, hat ihr die Sprache verschlagen.

Eine dunkle Wolke schwarzen Rauches steigt in mir auf, eine Wolke des Hasses, die mich innerlich erstickt. Ich ersticke an meinem Haß, meinem schreienden Verlangen nach Blutrache an den Verantwortlichen für dies schreckliche Unrecht. Meine Nasenflügel beben vor Ärger und vor Wut.

Der abstoßende Geruch brennenden, menschlichen Fleisches dringt nun in mein Bewußtsein. Es ist ein so beißender Geruch, daß meine Augen zu brennen beginnen. Mein Herz schlägt unbezähmbar. Der Geruch des Todes füllt meine Lungen, und ich beginne zu rennen. Ich nähere mich meinem Dorf. Nur Stille finde ich vor, wo einst Kinderlachen und Menschenstimmen die Luft erfüllten. Ein kalter Schauer läuft durch mich hindurch, verbreitet schreckliche Einsamkeit, körperlich greifbar und überwältigend. Panik erfaßt mich.

Ich zwinge mich, auf das erstbeste indianische Haus zuzurennen. Ich trete ein und stolpere ein paar Schritte vorwärts, dann bleibe ich erstarrt stehen. Vor mir liegen die verstümmelten Körper meiner Leute – Männer, Frauen und Kinder – grotesk auf dem Boden verstreut. Aus ihrer Haltung spricht Todesangst, ihre ausdruckslosen Augen stehen vor Entsetzen offen, ihre Glieder sind in letzter Todesqual verdreht.

Ich fange an zu schreien und renne in diesem unseligen Dorf von Haus zu Haus. Überall das gleiche Bild: verdrehte, geschwärzte Körper, bis zur Unkenntlichkeit verstümmelt.

Wie in Trance laufe ich, verloren und allein, zur Mitte des Dorfs. Dann kommt eine schreckliche und gewaltige Explosion. Mein ganzer Körper vibriert. Ich blicke zum Himmel und sehe einen blendenden Lichtblitz.

Ich kann nicht länger hinsehen und falle auf die Knie, angegriffen und schwach. Und unten auf dem Boden sehe ich eine Pfütze aus Blut … die Tränen des weinenden Alten Mannes!

Kapitel 34

Ich liege an diesem Samstagnachmittag hier in meinem Bett und habe den Kopf an das harte kleine Kissen gedrückt. Mein angekauter Bleistiftstummel schwebt erwartungsvoll über dem gelben, staatlichen Schreibblock auf meinem Schoß. Ich träume vom *inipi,* der Schwitzhüttenzeremonie heute vormittag, versuche sie in meine Erinnerung zu bannen. Das *inipi* heiligt jeden Samstagmorgen in diesem ansonsten alles andere als heiligen Leavenworth. Wenn ich nach der inneren Reise in der Schwitzhütte in meine Zelle zurückkehre, versuche ich, jeden Moment neu zu durchleben, von neuem in diese höheren Gefühle einzutauchen. Ich tue dies nicht nur aus Vergnügen, sondern es dient auch der Suche nach Dingen von besonderer Bedeutung. Ich versuche zu ergründen, ob das Große Geheimnis mir irgendwelche besonderen Weisungen erteilt hat. Man erfährt Dinge in der Schwitzhütte, die man im ersten Moment gar nicht beachtet. Erst später – manchmal Jahre später – wird dir bewußt, daß sie ein Teil deiner persönlichen Weisungen waren, die wir »Original Instructions«, die Urweisungen, nennen.

Die Ältesten lehrten mich, daß es drei verschiedene Arten von Urweisungen gibt. Einmal gibt es die Urweisungen für die gesamte Menschheit, sie sind so etwas wie die für alle Menschen gültigen Zehn Gebote. Diese Art der Weisungen erfahren wir nur über auserwählte Menschen, wie Moses oder Jesus oder Mohammed oder die White Buffalo Calf Woman. Dann gibt es die Urweisungen für jedes Volk, jede Nation, jeden Stamm. Diese bekommen wir durch die großen Krieger im Geiste wie Crazy Horse oder Sitting Bull oder Geronimo oder Gandhi. Und als drittes gibt es die Urweisungen für jeden von uns als Einzelperson, die uns den Weg zeigen, den unser individueller Geist befolgen soll. Diese letzte Art der Urweisungen bekommst du beim *inipi* oder in anderen heiligen Zeremonien.

Mein ganzer Körper glüht, während ich hier sitze, er wird durch innere Schwingungen erwärmt. Im Geiste erlebe ich von neuem alle Ereignisse vor und nach der heutigen *inipi*-Zeremonie. In die zentralen Momente der Schwitzzeremonie kann ich euch nicht mitnehmen. Was dort passiert, ist jedermanns persönliches Geheimnis. Die wichtigsten Dinge, die man erfährt, die tiefschürfendsten und spirituellsten, feiert man nicht, und man spricht auch nicht über sie. Sie sind ein Geheimnis zwischen dir und Wakan Tanka und niemandem sonst. Diese Dinge in Worte zu fassen bedeutete, sie in Zeit und Raum einzufrieren, und man sollte sie nie derart festbannen, denn sie entfalten sich unaufhörlich, verändern sich mit jedem vorübergehenden Moment und passen sich ihm an. Man kann sich solchen Dingen mit Worten nur annähern, sie aber nicht beschreiben oder einfangen. Genauso wie man niemals das Große Geheimnis selbst mit Worten bezeichnen oder einfangen kann. Worte tragen dich nur an die Schwelle der Bedeutung. Die Bedeutung ist etwas, das du spüren, für dich selbst erfahren mußt. Also betrachte diese Beschreibung einfach als eine Annäherung. Sie ist ein Versuch, dich an die Schwelle der Bedeutung zu tragen, an die tiefere Bedeutung meiner Erfahrungen in der Schwitzhütte, wie ich sie sehe.

Viele Menschen haben große Angst vor den Schwitzhütten – und nicht ganz ohne Grund. Es kann darin so heiß werden, wenn das Wasser auf die rotglühenden Steine gegossen wird, daß man buchstäblich die Grenzen aller seiner Kräfte erreicht, wenn man es nicht gewohnt ist. Der kochendheiße, brutzelnde Dampf gibt dir das Gefühl, nichts anderes mehr tun zu können als *Mitakuye Oyasin* auszurufen – »All meine Verwandten!« Damit erhältst du die Erlaubnis, durch den Eingang der Schwitzhütte, der für dich aufgemacht wird, herauszutreten. Diese Möglichkeit bleibt dir immer. Du wirst nie gezwungen, beim *inipi* zu bleiben.

Und doch bleibst du, von wenigen Ausnahmen abgesehen. Du widerstehst der Versuchung. Du beißt die Zähne zusammen und stehst es durch. Du gräbst deine Fingernägel in die Erde des Fußbodens. Du sitzt da, nackt, in der überhitzten Dunkelheit, deine bloßen Knie nur Zentimeter von den glühenden Steinen in der Vertiefung in der Mitte entfernt, und kommst an die Grenzen deiner Angst, an die Grenzen deines Schmerzes. Die Angst vor dem Schmerz ist viel schlimmer als der Schmerz selbst. Das lernst du schnell. Und diese Lektion mußt du auch lernen, wenn du in der Welt überleben willst, also lerne sie lieber gut. Und wenn du dann der Angst Auge in Auge gegenüberstehst, erlangst du ein gewisses *Bewußtsein* …

Es beginnt zuerst mit dem Bewußtwerden der Angst selbst. Und dann gehst du irgendwie durch die Angst und durch den Schmerz hindurch. Du betrittst ein Reich innerhalb des Schmerzes und der Angst, das gleichzeitig jenseits davon liegt. Solange du Schmerz spürst, heißt das, daß du dir deiner selbst bewußt bist. Nur wenn du nicht mehr an dich selbst denkst, kannst du wirklich Schmerz und Angst überschreiten. Du mußt dich selbst vergessen, um dich selbst zu finden. Du selbst bist das Eingangstor. Dein eigener Geist, der plötzlich von allen Gedanken und aller Angst befreit ist, ist die Tür. Und wenn du diese Tür öffnest und durch sie hindurch in dies andere Reich trittst …

Doch nein, es tut mir leid, aber hier muß ich aufhören. Ab diesem Punkt wird es rein privat, kann man es nicht mehr mitteilen. Es in Worte zu fassen würde es zerstören.

Ich darf nur von dem Vorher und Nachher schreiben und erzählen, von den einfachen Handlungen, die diesem heiligsten aller Momente vorausgehen und ihm folgen. Aber jede dieser einfachen Handlungen ist auf ihre Weise auch heilig, vom Moment an, wenn um 6.30 Uhr meine Zellentür plötzlich mit einem metallischen Zischen und Surren und Knirschen und lauten Knallen aufrumpelt, und mein Samstagmorgen, der heiligste Moment meiner Woche, beginnt.

Ich bin schon seit einer halben Stunde oder länger wach – bereite meine Gedanken, meinen Geist und mein Herz auf das *inipi* vor. Ich versuche, meine Gedanken zu sammeln, sie nicht zu sehr abschweifen zu lassen. Ich nehme meine heilige Pfeife heraus. Langsam und systematisch reinige und poliere ich die einzelnen Teile als eine besinnliche spirituelle Übung, den Pfeifenkopf aus rotem Ton und den langen Stiel. Ich stecke die beiden Teile erst ganz kurz vor der Zeremonie zusammen. Die Pfeife zusammenzustecken ist etwa so wie einen Stecker in eine Steckdose zu stecken – es stellt eine Verbindung her und setzt Energien frei, die nur eine richtige Zeremonie hergeben kann. Die White Buffalo Calf Woman hat uns vor vielen hundert Jahren die Handhabung der »Original Pipe« (Urpfeife) gelehrt. Die Urpfeife, die sie uns gebracht hat, existiert bei den Lakota noch immer. Sie wird von Häuptling Arvol Looking Horse bewacht, Wächter der heiligen White Buffalo Calf Pipe in der neunzehnten Generation. Diese Urpfeife ist für uns so heilig, wie das Kreuz Jesu es für die Christen ist. Arvol hat uns einmal hier in Leavenworth besucht. Er hat uns geistlichen Rat erteilt und uns das Gefühl einer noch persönlicheren Verbundenheit mit dieser Pfeife vermittelt.

Einfach nur meine Pfeife zu reinigen – die ein Abkömmling dieser wunderbaren ursprünglichen Pfeife ist und etwas von ihrer Kraft teilt – hilft mir also, mich zu konzentrieren, und verdrängt alle dunklen Gedanken. Ich bin stolz, als Träger der Pfeife erwählt worden zu sein. Wenn ich sie während der Zeremonie rauche, trägt die heilige Pfeife meine Dankesgebete direkt zum Schöpfer. Wakan Tanka hört uns. Der Große Geist erhört jedes Wort jeden Gebetes – auch das der Gebete dieser gescheiterten Kinder hier in Leavenworth.

Nachdem ich die zwei Teile meiner Pfeife wieder in das Bündel gerollt habe, bereite ich den Inhalt meines Medizinbündels vor. Was genau darin ist, brauche nur ich zu wissen, aber es ist nichts Ungewöhnliches. Das übliche Zeug für eine Zeremonie eben – das mir aber trotzdem sehr heilig und nur für mich ist. In ein gesondertes Bündel packe ich zwei Beutel Nudeln, die ich am Gefängniskiosk gekauft habe. Die kommen in den Topf mit Wasser, das der Koch während der Zeremonie auf dem Feuer außerhalb der Schwitzhütte brodeln läßt. Jeder bringt etwas in dieser Art mit, wenn er kann – ein paar Würstchen, ein Glas Pepperoni, ein Six-Pack Cola, ein paar Kartoffelchips, was gerade da ist. Die Sachen sind für das gemeinschaftliche Teilen, das nach der Zeremonie stattfindet.

Ich bin dankbar, heute nicht wie unter der Woche meine acht Stunden in der Schreinerei arbeiten zu müssen. Samstags kommen die meisten Besucher nach Leavenworth, aber ich habe meine Familie gebeten, mich während der Schwitzstunden am Vormittag und frühen Nachmittag nicht zu besuchen. Ich lasse an diesem Morgen auch das Frühstück ausfallen und konzentriere mich mit jeder Faser meines Körpers auf die bevorstehende Zeremonie.

Kurz nach acht Uhr ertönt die Stimme des Gefängnisgeistlichen über die Lautsprecher: »Die indianische Schwitzzeremonie findet heute statt«, verkündet er. Das sind gute Nachrichten. Man ist nie ganz sicher, ob das Schwitzen tatsächlich abgehalten wird, wenn man am Samstagmorgen aufwacht. Wenn etwa eine Sperre über das Gefängnis verhängt ist oder besonders dichter Nebel oder starker Sturm herrscht, so daß die Wächter in den Geschütztürmen uns unten im Hof nicht mehr im Auge behalten können, gehen wir nicht zum Schwitzen. Ansonsten gehen wir jedem Wetter. Wir sind an eiskalten Wintertagen und im strömenden Regen da draußen. Was uns angeht, lassen wir uns durch nichts abhalten. Ehrlich gesagt liebe ich es, bei schlechtem Wetter nach draußen zu gehen. Es ist mir unbegreiflich, warum wir lernen, einen Regensturm »schlechtes« Wetter zu nennen. Es gibt nichts Schöneres als einen Sturm – etwas, von dem man hier drinnen selten mehr mitbekommt als das dumpfe Donnergrollen, das die dicken Steinmauern erzittern läßt, wenn man in seiner Zelle ohne Fenster zur Außenwelt liegt. Manchmal würde ich alles darum geben, einfach in einem Sturm draußen zu sein, mich vom Wind durchpusten zu lassen, den Regen, Blitz und Donner mit meiner Haut aufzusaugen, mich eins mit dem Großen Geheimnis zu fühlen.

Im Sturm draußen zu sein ist etwas, was ich als Junge immer geliebt habe. All das Blitzen und Donnern hat zu mir gesprochen. Ich bin darin immer spazierengegangen. Es wird gesagt, daß man die Stimme von Crazy Horse im Donner hören kann, wenn man genau hinhört. Aber auch das ist uns hier drinnen genommen worden. Selbst Blitz und Donner nehmen sie uns. Sie lassen uns nicht viel.

Auch das *inipi* erlauben sie nur, weil nach einem Jahre dauernden Kampf in den Gerichten endlich entschieden wurde, daß Indianer im Gefängnis zumindest eingeschränkte religiöse Rechte haben. Dazu gehört, das *inipi* abzuhalten und eine Pfeife und ein Medizinbündel zu besitzen. Diese Rechte gewähren sie uns hier in Leavenworth – widerstrebend manchmal –, aber sie gewähren sie zumindest. Staatsgefängnisse können in dieser Hinsicht manchmal schlimmer sein als Bundesgefängnisse. Erst kürzlich sollte ein Insasse, ein Creek-Seminole namens Glen Sweet, in einem Staatsgefängnis in Missouri, nicht weit von hier, hingerichtet werden. Nachdem alle gerichtlichen Möglichkeiten, in die Berufung zu gehen, erschöpft waren und die Stunde seiner Hinrichtung nahte, bat er darum, ein letztes *inipi* abhalten zu dürfen, eine letzte reinigende Sitzung in der Schwitzhütte des Gefängnisses, bevor er durch die tödliche Spritze hingerichtet würde. Keine allzu große Bitte, sollte man denken. Aber nein. Sein Gesuch wurde abgewiesen, und er starb ohne jede Zeremonie. Stell dir vor, er wäre Katholik gewesen und man hätte ihm den letzten Segen verweigert! Ich habe dies von unserem »spiritual advisor« (religiösen Anleiter) Henry Wahwassuck erfahren, der Glen Sweet in die Exekutionskammer begleitete und ihn sterben sah.

»Er war Indianer«, erzählte mir Henry, »er starb tapfer, wie ein Indianer stirbt. Er bekommt seine Zeremonie in der Himmelswelt. Dort oben können sie ihm das nicht nehmen!«

Jetzt warte ich auf den Aufruf, daß ich hinunter in die Schwitzhütte gehen kann.

Einer der Brüder ruft den Gang hinunter »He, es ist klares Wetter und Frost da draußen!«

Gut. Ich mag es, wenn es kalt ist. In der kochenden Hitze der Schwitzhütte zu sitzen, während draußen diese reine, klirrende Kälte herrscht, läßt die Schwitzzeremonie noch intensiver erscheinen.

Kurz nach halb acht verlasse ich mit meiner Pfeife und meinen Bündeln die Zelle und gehe durch den schmalen Gang zur Treppe und die Stufen hinunter zum Büro des Gefängnisgeistlichen. Wir versammeln uns dort vor der Tür, bis wir das endgültige Okay für die Schwitzzeremonie bekommen – oder für das »Pow-Wow«, wie die Schläger (die Wärter) sie gern nennen. Ich passiere zwei Metalldetektoren, bevor ich endlich aus dem Komplex von Gängen und Außengebäuden in die eisige frische Luft draußen im Hof komme. Dort findet dann eine weitere Kontrolle mit Metalldetektoren statt.

Ich stehe mit den anderen Brüdern eine ganze Weile vor der verschlossenen Tür im hohen Drahtzaun, den sie um die Schwitzhütte herum errichtet haben. Wir tragen alle nur Jogginghosen und T-Shirts oder ähnliches und warten zitternd in der schneidenden Kälte, bis der Wärter die Tür aufschließt. Aber die kalte Luft fühlt sich gut an. Und sie ist rein, nicht wie die schwere, stehende und schlechte Luft im Zellenblock. Ich fülle meine Lungen mit der Kälte und genieße jede Sekunde. In der herumstehenden Gruppe redet man freundlich miteinander, aber es wird nicht groß herumgealbert vor diesem heiligen Anlaß. Wir konzentrieren uns alle auf die innere Reise, die wir gleich antreten werden. Endlich schließt ein Wärter die Tür auf, und wir marschieren nacheinander hinein, sechzehn oder achtzehn sind wir vielleicht.

Der Wärter zählt uns zum dritten oder vierten Mal und sagt: »Okay, ihr seid drin. Bis später.«

Er schließt uns ein und geht weg. Wir sind von einem dreieinhalb Meter hohen Stahlzaun innerhalb eines Hochsicherheitsgefängnisses eingeschlossen, und direkt vor uns ragt hoch die Nordwand mit ihren zwei Geschütztürmen auf – doch plötzlich sind wir *frei!*

Jeder von uns beginnt nun mit seinen Vorbereitungen. Die Trommelhüter stellen ihre Trommeln vor der Hütte auf. Die Feuerhüter bringen das große Feuer vor der Hütte in Gang – das Feuer, in dem dann all die heiligen Steine für die bevorstehende Zeremonie erhitzt werden. Jeder von uns streut zusammen mit seinen Gebeten ein oder zwei Prisen Tabak in das Feuer. Der Koch setzt den großen Wassertopf auf einer anderen, etwas seitlich gelegenen Feuerstelle auf. Ich gebe ihm die zwei Beutel Nudeln, die ich gekauft habe. Neben ihm wächst ein Haufen aus eingepackten Nahrungsmitteln, etwas frischem Gemüse und ein paar Softdrinks. Wir stellen den kleinen Steinaltar auf und decken ihn mit Salbei, Süßgras und anderen zeremoniellen Dingen. Die Pfeifenträger stellen ihre Pfeifen für die Zeremonie bereit. Zunächst legen wir sie auf den Altar. Auch unsere Adlerfedern werden ausgebreitet und mit einem Gebet dargeboten. Dann stehen wir herum, unterhalten uns freundlich, schlürfen vielleicht einen heißen Kaffee und fühlen uns alle gut. Es ist eine gesellige Stunde, bis es um ungefähr halb elf aus den Lautsprechern tönt: »Zählen ist durch!« – Das bedeutet, daß beim letzten Durchzählen alle anwesend waren.

Inzwischen ist es beinahe elf Uhr, und wir warten auf die Ankunft unseres »spiritual advisor« Henry

Wahwassuck aus der Außenwelt. Ich kenne ihn schon, seit wir als Kinder zusammen auf der BIA-Schule in Whapeton waren. In den 70er Jahren hatte er auch einmal die große Ehre, fünf Jahre hinter diesen Mauern zu verbringen. Henry ist eine der tapferen Seelen, denen die Regierung damals einen Fall anhängte – wie so vielen anderen, die nichts weiter taten, als ihre Leute zu verteidigen. Henry ist der Leiter unserer Schwitzzeremonie. Er ist uns allen ein Freund, ein wahnsinnig spiritueller Kerl – und ein knallharter Kerl dazu, das kann ich dir sagen. Er paßt auf, daß alles genau richtig gemacht wird, was das *inipi* angeht. Jedes Detail muß genau den Regeln nach befolgt werden. Henry hat die meisten Teile für den Bau der Schwitzhütte selbst hierhergebracht – die jungen Baumstämme, aus denen das skelettartige Gerüst der Schwitzhüttenkuppel gebaut ist, und die Steine, die kleinen und großen Steine aus feuerfester, schwarzgrauer Lava, die wir im Feuer benutzen. Die Überdeckung der Hütte besteht aus zerschlissenen Decken und sonstigen Leinenstücken, die wir hier in Leavenworth zusammenbekommen konnten. Mit ihren etwa eineinhalb Metern Höhe und viereinhalb Metern Durchmesser wirkt sie wahrscheinlich ziemlich behelfsmäßig, aber für uns sieht sie eindrucksvoll aus und ist auf jeden Fall genauso heilig wie jede Kathedrale.

Jetzt stellen die Sänger die Trommeln auf und fangen an, einen langsamen Rhythmus zu schlagen. Sie stimmen ein heiliges Lied an, ein Pfeifenlied, das erste von vielen Liedern, die wir am heutigen Tag singen werden, und endlich beginnen wir, unsere Pfeifen für die kommende Zeremonie zu stopfen. Das laute, dumpfe Dröhnen der Trommeln erregt die Aufmerksamkeit der Wächter in den Türmen zu beiden Seiten. Wir sehen die schattenhaften Umrisse ihrer Köpfe da oben auf- und abhüpfen, während sie uns von oben beobachten. Ich schätze, es ist inzwischen eine Gewohnheit für sie geworden, auf unsere merkwürdigen Verrichtungen herabzusehen. Muß wohl die ansonsten langweiligen Samstagmorgen für sie aufheitern. Ich frage mich, ob wohl ein Hauch des Salbei- und Süßgras- und reinigenden Wacholderduftes zu ihnen hinüberzieht. Ich hoffe es.

Jetzt kommt endlich Henry – es scheint, als ob sie ihn immer erst im allerletzten Moment hereinlassen –, und der Wärter schließt ihn zu uns in den umzäunten Schwitzplatz. Henry begrüßt uns erstmal alle mit einem herzlichen Hallo, drückt uns die Hand und umarmt uns stürmisch. Aber sein Lächeln weicht bald einem ernsten Ausdruck. Er überprüft die Stätte, um sich zu vergewissern, daß alles für die Zeremonie bereit ist. Wenn er sich überzeugt hat, daß alles bis ins kleinste Detail stimmt, verkündet er schließlich: »Alles ist an seinem Platz. Es ist soweit!«

Das sind jedesmal genau seine Worte. Es ist das Zeichen für uns, in die Schwitzhütte zu gehen.

Wir haben uns inzwischen splitternackt ausgezogen und sind nur noch in einen Streifen von einer alten Pferdedecke gewickelt, die wir seit neuestem benutzen müssen, weil sie unsere Handtücher für die Schwitzzeremonie konfisziert haben. Wir stellen uns mit unseren Pfeifen, Kürbisrasseln und Adlerfedern in einer Reihe vor dem Eingang zum *inipi* auf. Ich habe Henry einmal gefragt, warum wir nackt sein müssen, und er hat gesagt: »Hast du jemals ein Baby gesehen, das mit Windeln oder Unterhosen geboren wurde?« Der Eingang zur Schwitzhütte wird häufig mit dem Zugang zum Leib von Mutter Erde verglichen. Ich persönlich stelle ihn mir auch gern als Zugang *in* mich hinein, *durch* mich hindurch und gleich wieder *aus* mir heraus vor. Dein Selbst ist das erste, das du beim Betreten des *inipi* zurücklassen mußt.

Wir klettern an der zurückgeschlagenen Eingangsplane vorbei in die Hütte, wenden uns sofort nach links und gehen im Uhrzeigersinn in der Hütte herum, bis wir alle unsere Plätze auf dem nackten, glattgestrichenen Lehmboden eingenommen haben. Derjenige, der an diesem Tag ausgewählt worden ist, das Wasser auf die rotglühenden Steine zu gießen, um den Dampf zu erzeugen, tritt als erster ein. Er folgt dem Rund der Hütte und setzt sich auf seinen Platz neben Henry, der sich bereits direkt rechts neben dem noch offenen Eingang niedergelassen hat und seine zeremoniellen Utensilien vorbereitet. Es ist noch kühl in der Hütte. Die Feuergrube in der Mitte ist noch leer. Die rotglühenden Steine wird der Feuerhüter später vom Feuer draußen holen, jeder Stein wird ehrfürchtig auf einer Elchgeweihgabel getragen. Die ersten sieben Steine werden einzeln hereingebracht – je einer für die vier heiligen Himmelsrichtungen, Mutter Erde, das Volk und Wakan Tanka. Später werden noch mehr Steine hereingebracht, je nachdem, wie heiß Henry es haben möchte. Aber schon bevor die Steine hereingebracht werden, hat sich die Hütte durch die Körperwärme von gut zwanzig Männern erwärmt, und es herrscht eine wohlige Temperatur.

Draußen steht der Eingangshüter, der den Eingang während der zwei bis drei Stunden dauernden Zeremonie viermal öffnen wird, für die vier »Gänge«, wie wir sagen.

Als nächstes beten wir und »bieten Gedanken dar«, wie Henry es nennt. Wir versuchen, den Geist aller Versammelten zu einem Geist zu vereinen. Wir reichen Salbei im Kreis herum. Jeder nimmt eine kleine Prise und kaut sie oder tut sie sich vielleicht ins Haar. Dann werden Adlerfedern herumgereicht, damit wir alle ihre Energie teilen können. Die Plane ist immer noch zurückgeschlagen. Die ersten sieben Steine werden auf dem Geweih hereingetragen und in der Mitte der Hütte in die Grube zu unseren Knien gelegt. Wir opfern Wacholder auf den Steinen, um die Luft zu reinigen. Das vertreibt alle bösen Gedanken. Dann fragt Henry nach dem Wasser, und ein Kübel wird innen in den Eingang der Hütte gestellt. Wieder wird Wacholder auf den Steinen geopfert. Ein scharfes Zischen ist zu hören, als die Luft sich mit seinem lieblichen Duft füllt. Dann streut Henry Wacholder über das Wasser und segnet es viermal.

Jetzt nimmt der Gießer Henrys Büffelhornkelle, füllt sie mit Wasser und macht den ersten Aufguß über die Steine. Der Eingang ist in der Zwischenzeit geschlossen worden und ... Doch, nein. Weiter kann ich euch nicht mitnehmen. Was folgt, kann nicht erzählt werden, sagt Henry. Es kann erfahren, aber nicht erzählt werden.

Ich kann aber berichten, daß der Eingang viermal geschlossen und geöffnet wird. Viermal wird Wasser aus dem Büffelhorn über die glühenden Steine gegossen, viermal explodiert und umschließt uns der glühende Dampf ... doch mehr kann ich nicht sagen! »Enthülle nicht, was passiert, und keine Einzelheiten davon, was dir da drinnen widerfährt!«, sagt Henry nachdrücklich.

Und das achte ich. Ich hoffe, ihr tut das auch. Wahrscheinlich habe ich jetzt schon zu viel gesagt, aber Henry wird sich alles durchlesen und dafür sorgen, daß unausgesprochen bleibt, was nicht ausgesprochen werden darf. Diese Vorkehrung ist genauso in eurem Sinne wie in meinem. Davon zu sprechen, was mir im *inipi* widerfährt, wäre, als würde ich *euch* die Medizin geben, die für *mich* bestimmt ist. Es wäre nutzlos, ja, sogar schädlich – für euch genau wie für mich.

Genug geredet. *Mitakuye Oyasin.*

* * *

Nach dem vierten Aufguß und unseren abschließenden Gebeten wird der Eingang zum *inipi* das letzte Mal zurückgeschlagen, und wir kommen in einer Reihe heraus, so wie wir hineingegangen sind. Die eisige Luft schlägt mir mit Macht entgegen, läßt mich beinahe rückwärtstaumeln. Trotzdem fühlt sie sich wunderbar an. Auf einer Seite steht eine windschiefe Dusche mit kaltem Wasser, unter der ich glücklich ein paar Sekunden zittere. Ich wasche den Schweiß ab und schlage wild um mich. Das ist unglaublich belebend nach dem kochendheißen Schwitzbad. Mein Körper wird wieder lebendig. Ich könnte schwören, daß ich glühe, so gut fühle ich mich. Ich *bin* wiedergeboren worden!

Wir bilden draußen einen Kreis, stecken unsere Pfeifen an und bieten erneut Gedanken dar. Es ist ein sehr intimer und bewegender Moment. Nachdem wir noch etwas Salbei und Süßgras verbrannt haben, entleeren wir unsere Pfeifen, ziehen uns an und beginnen das gemeinschaftliche Teilen von all den Nahrungsmitteln, die der Koch zubereitet hat. Alle haben jetzt strahlende Augen, lachen und reden durcheinander. Das *inipi* schafft eine wirklich tiefe Bindung. Es ist ein glücklicher und heiliger Augenblick. Und jeder wünscht, daß er nicht enden wird. Doch bald erscheint der Geistliche am Tor, und ein Wärter brüllt: »Die Zeit ist um. Fertigmachen für das Vier-Uhr-Durchzählen!« Das dämpft sofort die magische Stimmung. Minuten später sind wir auf dem Weg zurück durch die drei

Metalldetektoren, zurück in den Zellenblock, zurück in die normale Welt, zurück nach Leavenworth nach sieben Stunden gesegneter Freiheit. Und die Wächter in ihren Geschütztürmen haben überhaupt nicht bemerkt, daß wir ihnen entkommen waren!

Teil VII
Eine Botschaft an die Menschheit

Ich glaube, daß unser Werk
so lange unvollendet bleibt,
wie auch nur ein mensch-
liches Wesen Hunger
leidet oder geschlagen wird,
wie auch nur ein Mensch
gezwungen wird, im Krieg
sein Leben zu lassen, wie
auch nur ein Unschuldiger
im Gefängnis schmachtet
oder einer wegen seines
Glaubens verfolgt wird.

Kapitel 35

Aus Tod kommt Leben. Aus Schmerz kommt Hoffnung. Das habe ich in diesen langen Jahren des Verlustes gelernt. Ich erfuhr Verlust, aber nie Verzweiflung. Nie habe ich die Hoffnung verloren oder den festen Glauben an die Richtigkeit meiner Sache, den Glauben an das Überleben meines Volkes.

Ich weiß nicht, wie die Welt zu retten ist. Ich habe keine Lösungen oder *die* Lösung. Ich habe kein geheimes Wissen darüber, wie man die Fehler von ganzen Generationen aus Vergangenheit und Gegenwart beheben soll. Ich weiß nur eins: ohne Mitgefühl und Respekt für *alle* Bewohner dieser Erde wird keiner von uns überleben – oder dies verdienen.

Die Zukunft, unsere gemeinsame Zukunft, die Zukunft aller Völker der Menschheit, muß auf Respekt gegründet werden. Möge Respekt das Wort des neuen Jahrtausends sein, das wir alle gemeinsam bald beginnen. Wie wir von anderen respektiert werden möchten, so müssen wir auch andere respektieren.

Wir hängen in dieser Sache gemeinsam drin: die Reichen, die Armen, die Roten, die Weißen, die Schwarzen, die Braunen und die Gelben. Wir alle gehören zur

Familie der Menschheit. Wir teilen die Verantwortung für unsere Mutter, die Erde, und für all jene, die auf ihr leben und atmen.

Ich glaube, daß unser Werk so lange unvollendet bleibt, wie auch nur ein menschliches Wesen Hunger leidet oder geschlagen wird, wie auch nur ein Mensch gezwungen wird, im Krieg sein Leben zu lassen, wie auch nur ein Unschuldiger im Gefängnis schmachtet oder einer wegen seines Glaubens verfolgt wird.

Ich glaube an das Gute im Menschen. Ich glaube, daß das Gute siegen kann, aber nur wenn man sich dafür einsetzt. Und diesen Einsatz müssen wir bringen, wir alle, auch du und ich.

Wir müssen auf die Gefahren, die uns erwarten, gefaßt sein. Kritiker werden uns angreifen, uns auseinanderbringen wollen, uns nicht ernst nehmen. Aber wenn wir fest zu unserem Glauben stehen, können wir die Angriffe abwenden und gestärkt daraus hervorgehen – mit noch größerer Hingabe an Mutter Erde, an unseren Kampf und die kommenden Generationen.

Gib nie den Kampf für Frieden, Gerechtigkeit und Gleichheit aller Menschen auf. Beharre auf dem, was du tust, und laß dein Gewissen durch niemanden ins Wanken bringen.

Sitting Bull hat gesagt: »Als einzelne Finger können wir leicht gebrochen werden, aber alle zusammen ergeben wir eine mächtige Faust.«

Es liegt an uns, diesen Kampf zu gewinnen oder zu verlieren.

Kapitel 36

Eins kann ich euch sagen. Wir suchen keine Rache, wir wollen sie nicht. Ich lasse alle Anschuldigungen beiseite, denn ich weiß nur zu gut, was es heißt, der Beschuldigte zu sein. Ich lasse alle Verurteilungen beiseite, denn ich weiß nur zu gut, was es heißt, der Verurteilte zu sein. Wir suchen keine Rache, sondern Wiedergutmachung und gegenseitigen Respekt zwischen unseren Völkern. Wir sind vielleicht verschiedene Nationen, aber wir gehören trotzdem der gleichen Gesellschaft an, und wir teilen ein Land. Wir wollen alle Gerechtigkeit, Gleichheit, Fairneß ... eben die Prinzipien, auf denen Amerika gegründet ist und die es laut seiner Verfassung jedem Menschen innerhalb seiner Grenzen gewährt, auch Indianern. Ist das also zuviel verlangt? Wir erwarten oder fordern von den anderen keine Vollkommenheit. Unsere Unvollkommenheit macht ja das Menschsein aus.

Die Vergangenheit kann man nicht ändern, das stimmt. Keiner kann die Toten zurückbringen. Aber wir können etwas für die Lebenden tun. Für eine gerechte Zukunft sind wirtschaftliche Wiedergutmachungen an den Native Americans unerläßlich.

ebenso wie die Rückgabe heiliger Stätten und bedeutender Teile des Landes unserer Urväter sowie ein guter Teil der Bodenschätze, deren Diebstahl gegen bestehende Verträge verstieß. Die Native Americans und die indigenen Völker überall auf der Welt sollten eine besondere Stellung als Anwälte des Landes einnehmen. Sie sind die Hüter von Mutter Erde, ihre Vertreter, und werden sich immer gegen ihre Zerstörung erheben.

Der erste Schritt in diese Richtung muß ein offizielles Eingeständnis des in der Vergangenheit zugefügten Schadens sein. Kanada hat im Januar 1998 mit seinem »Statement of Reconciliation« einen vielversprechenden Schritt in diese Richtung getan. In dieser Erklärung an die First Nations, die sicher in die Geschichte eingehen wird, heißt es:

> *Auf unserem Land ruht die Last vergangener Taten, durch die die Identität unsere Urvölker verletzt, ihre Sprache und Kultur unterdrückt und ihre religiösen Bräuche gesetzlich verboten wurden …*
> *Die kanadische Regierung möchte allen Urvölkern Kanadas gegenüber hiermit offiziell ihr tiefes Bedauern über die in der Vergangenheit von der Bundesregierung begangenen Taten aussprechen, die zu diesen schwerwiegenden Belastungen in der Geschichte unserer gemeinsamen Beziehungen geführt haben.*

Außerdem hat die kanadische Regierung einen Fonds von 350 Millionen Dollar eingerichtet, der für die Opfer körperlicher und seelischer Mißhandlungen an den staatlichen Schulen bestimmt ist, in denen indianische Kinder wegen ihrer Herkunft lange Zeit gequält wurden. Glücklicherweise sind diese unmenschlichen Schulen in Kanada in den 70er Jahren abgeschafft worden. Der Fonds sollte in vielerlei Hinsicht noch erweitert werden, um allen Ureinwohnern Kanadas auf langfristiger Basis Hilfe zu gewährleisten. Auch die Gebietsansprüche sollten ernsthaft in Betracht gezogen werden. Ähnliche Schritte seitens der USA und aller Nationen, die die Enteignung ihrer indigenen Bevölkerung zu verantworten haben, könnten uns der Großen Heilung, die ich am Beginn des neuen Millenniums kommen sehe, ein Stück näher bringen.

Es ist natürlich unmöglich, eine Mutter, ein Kind oder einen Familienvater, die ermordet, in den Hungertod getrieben oder zu Unrecht ins Gefängnis geworfen wurden, durch irgendwelche Wiedergutmachungen aufzuwiegen. Aber wenn ich unsere Kinder ansehe, sehe ich die Zukunft in ihnen, eine Zukunft voller Freiheit und Möglichkeiten. Man hat uns Indianer für schon längst ausgestorben gehalten. Aber hier sind wir. Jedes einzelne unserer Kinder ist ein Wunder. Wir wollen also unsere Energie und unsere Liebe auf diese Kinder konzentrieren, auf diese heiligen Nachkommen. Jedes einzelne indianische Kind ist eine Wiedergeburt von Crazy Horse. Der Geist von Crazy

Horse ist mit uns. Wir sind dieser Geist. Ihr könnt uns töten, aber der Geist wird nicht sterben. Er wird im nächsten indianischen Kind wiedergeboren und im nächsten und im übernächsten. Gesegnet seien unsere Kinder, wie ihre reine Existenz auch uns segnet.

Das Gesetz, von dem ich mir die Gerechtigkeit für mein Volk erhoffe, ist nicht das Gesetz des weißen Mannes, das unnatürliche Gesetz, das von Menschen gemachte Gesetz. Das Gesetz, auf das ich und mein Volk blicken, ist das Gesetz des Großen Geistes, das immer gilt, dessen Wege unabänderlich hart, aber gerecht sind. Dieses Gesetz wird meinen Enkelkindern und deinen Enkelkindern Freiheit geben und ihnen ermöglichen, in Frieden und Einklang mit allen anderen anständigen menschlichen Wesen dieser Welt zusammenzuleben. Das Licht, das ich vorhersehe, wird erstrahlen. Gemeinsam werden wir sehen, wie es immer heller wird, bis überall Gerechtigkeit für alle Menschen herrscht.

Unsere Generation wird nicht mehr hier sein, wenn die Welt den Kindern gehört. Laßt uns, die wir in unserer Zeit so viel Unheil angerichtet haben, jetzt und hier mit unserer Vergangenheit ins reine kommen. Müssen wir denn den Haß, die Ungerechtigkeit und die Bosheit auf die kommenden, unschuldigen Generationen übertragen? Müssen wir auch sie mit Schuld beladen? Können wir diese Dinge nicht unter uns klären, heute und definitiv? Ich bete darum, daß wir es können. Mein ganzes Leben dient diesem Zweck.

In Südafrika, dieser langjährigen Hochburg von Apartheid und Rassismus, geht heute eine Ära der Unterdrückung eines Volkes durch ein anderes zu Ende. Eine neue Ära bricht an, die von Gleichheit und Würde bestimmt ist. Nelson Mandela, ein Mann, der sich vor noch nicht allzu langer Zeit in einer ähnlichen Situation wie der meinen befand, führte als Präsident nicht nur sein eigenes Volk, sondern einen ganzen Staat von Völkern. Er ist der lebende Beweis dafür, daß das Edikt des Volkes schwerer wiegt als das Verdikt der Regierung. Sein Beispiel sollte unserem Kampf als Inspiration und Vorbild dienen.

In Südafrika können heute Männer und Frauen beider Seiten vortreten und vor sogenannten öffentlichen Wahrheits- und Aussöhnungstribunalen ihre Vergehen gestehen und politische Absolution erhalten. Ich denke, daß so etwas hier nicht nötig sein wird. Die Verhandlungen würden außerdem Jahrhunderte dauern. Wir brauchen keine Gerichtszimmer, sondern Klassenzimmer, keine Gefängnisse, sondern anständige Wohnungen und Jobs für die Millionen jeder Hautfarbe – darunter auch viele, viele Weiße –, denen Tag für Tag und Woche für Woche von der Wirtschaftslobby die Menschen- und Bürgerrechte verwehrt werden. Die Lobbys versuchen, Amerika zu stehlen. Eine Regierung muß von und für die Menschen sein, nicht von und für Wirtschaftslobbys. Lies deine eigene Unabhängigkeitserklärung und deine Verfassung, Amerika. Es steht alles darin.

Wenn eure Strategie darin besteht, immer mehr Gefängnisse für alle die zu bauen, die anders sind als ihr, könnt ihr nicht genügend Gefängnisse bauen, um uns alle aufzunehmen, das kann ich euch heute schon sagen. Amerika, als jemand, der deine dunkelsten Seiten ebenso kennt wie er um deine leuchtenden Möglichkeiten weiß, bitte ich dich: überdenke den momentanen Wahn, immer mehr Gefängnisse für immer mehr Menschen zu bauen, die anders geboren wurden. Wir brauchen nicht noch mehr Gefängnisse. Wir brauchen mehr Mitgefühl. Dieses Mitgefühl ist unsere größte Chance.

Demokratie bedeutet, Unterschiede zuzulassen, nicht Gleichheit zu forcieren. Erlaubt uns, uns zu unterscheiden, wie wir es euch erlauben. Wir stehen nicht im Widerspruch zueinander, wir ergänzen uns gegenseitig. Wir brauchen einander. Jeder von uns ist für das, was auf dieser Erde geschieht, verantwortlich. Jeder von uns ist absolut unentbehrlich, absolut unersetzbar. Jeder von uns hat die ausschlaggebende Stimme im Wahlkampf zwischen unseren besten und schlechtesten Möglichkeiten.

In welche Urne steckst du deinen Stimmzettel? Die Menschheit wartet auf deine Entscheidung.

In diesem endlosen Kampf zwischen dem Guten, das in uns allen liegt, und dem Schlechten, das uns innerlich und äußerlich ständig bedroht, müssen wir jeder eine Ein-Mann-Armee sein. Wir können alle eine Ein-Mann-Armee sein. Schon ein guter Mann oder eine gute Frau kann die Welt schon verändern und ein Signal für Millionen, für Milliarden, setzen. Bist du dieser Mann oder diese Frau? Dann möge der Große Geist dich segnen. Und wenn du es nicht bist ... Warum bist du es nicht? Jeder von uns muß diese Person sein. Das würde die Welt über Nacht verändern. Es wäre ein Wunder, ja, aber ein Wunder, das in unserer Macht liegt, in unserer heilenden Macht.

Das Heilen wird von uns allen große Anstrengungen verlangen und einen Herzenswandel. Die Wunden zu heilen bedeutet, daß wir einander mit Respekt und Toleranz begegnen, nicht mit Vorurteilen, Mißtrauen und Haß. Wir müssen unsere Kinder – ebenso wie uns selbst – lehren, die Unterschiedlichkeit der Menschen zu lieben. Um die Wunden zu heilen, müssen wir alle eine bewußte Anstrengung unternehmen, so zu leben, wie der Schöpfer es gewollt hat: als Schwestern und Brüder der gleichen Menschenfamilie, als Hüter dieser zerbrechlichen, vergänglichen und heiligen Erde. Um die Wunden zu heilen, müssen wir uns bewußt werden, daß wir alle gemeinsam zu lebenslänglich verurteilt sind ... ohne Hoffnung auf Bewährung.

Wir können es schaffen. Du und ich und wir alle zusammen. Der Zeitpunkt ist gekommen. Der einzig mögliche Zeitpunkt ist jetzt. Laßt das Große Heilen beginnen.

Kapitel 37

Vor ein paar Minuten ist mein Enkelsohn Cyrus wieder gegangen. Sein Besuch hat mich mit einer überwältigenden Liebe erfüllt. Und doch ist diese Erfüllung auch eine Leere. Das Leben ist für mich wie ein umgestülptes leeres Glas – oder so scheint es, wenn die Türen sich hinter ihm schließen und er sich mit einem letzten traurigen Lächeln zu mir umdreht und mir einen Handkuß zuwirft, seinem »Gramps«. Er ist jetzt schon selbst fast ein Mann, ein echter Krieger, und ich bin stolz auf ihn, das kann ich euch sagen. Das war wieder einmal einer seiner wunderbaren gelegentlichen Besuche heute morgen, ein paar glückliche Stunden im Besuchsraum. Direkt nach diesem Besuch fährt er seine Schwester Alexandra besuchen, die in Georgia bei ein paar Freunden lebt. Die armen Kinder werden hin und her geschoben. Auch sie müssen jeden Tag von neuem für das Verbrechen bezahlen, das ich nie begangen habe.

Dennoch, allein das Wissen, daß Cyrus und Alexandra da draußen sind, sie und meine anderen Enkel – beim letzten Stand insgesamt sieben –, gibt mir ein Gefühl von Freiheit. Wahrscheinlich finde ich mich selbst in Cyrus wieder. Vielleicht ist das nicht gut. Vielleicht wäre er besser dran, wenn er weniger von seinem Knastschieber »Gramps« in sich hätte. Aber dann denke ich wieder, daß es gut für ihn ist, seinen Großvater zu ehren, seine eigenen Ältesten, so wie ich die meinen geehrt habe. Die Alten sind nicht nur unsere Verbindung zur Vergangenheit, sondern auch zur Zukunft ... und unsere Verbindung zu uns selbst. Ich bin ein Indianer, Cyrus ist ein Indianer, Alexandra ist eine Indianerin. Wir alle sind Glieder einer unendlichen und unzerbrechlichen Kette. Alle Großväter und alle Großmütter und alle Enkelkinder ... wir sind alle eine Person, ein indianisches Volk, das den ganzen Weg zurück zum Anfang reicht und weiter zum Beginn der Zeit. Ein Volk. Eine Person. Vielleicht ist das der Grund, warum man so oft versucht hat, uns ausnahmslos alle zu töten, bis zum letzten Mann, zur letzten Frau, zum letzten Kind. Weil sie begriffen haben, daß andernfalls immer noch diese eine Person übrig wäre, dieser eine letzte Überlebende, der sie verfolgen würde und ihre Taten und den angeblichen Sieg Lügen strafte.

Jeder einzelne von uns Indianern ist diese eine Person, dieser Überlebende. Wir sind alle der letzte Indianer, genau wie wir alle der erste sind. Ihr könnt uns töten, aber wir werden immer noch hier sein. Wir waren die ersten hier und wir werden noch da sein, wenn die Zeit gekommen ist, Mutter Erde das letzte Lebewohl zu sagen. Wenn Wakan Tanka, das Große

Geheimnis, so barmherzig ist, die Welt zum Ende des Zeitkreislaufs aufzulösen, werden wir Tabak, Salbei und Süßgras verbrennen und ein letztes Gebet sprechen, ein letztes *Washté* – »Es ist gut!« Wie unsere Großväter und Großmütter uns immer gesagt haben, gibt es einen besseren Ort, an den wir gehen können, eine bessere Welt, die auf uns wartet.

Also, mein Freund, meine Freundin, bevor ich mich aus dieser geringeren Realität in die größere aufmache, sage ich dir *Washté!* Es ist gut! Danke, daß du meine Worte gehört hast. Ich wünsche deinem Geist auf seinem weiteren Weg Frieden und Glück und Erfüllung. Vielleicht werden wir uns eines Tages auf dem Großen Roten Weg treffen, du und ich. Ich bete darum. *Mitakuye Oyasin!*

Wir sind nicht getrennt

Wir sind keine getrennten Wesen, du und ich.
Wir sind verschiedene Fasern des gleichen Wesens.

Du bist ich und ich bin du
und wir sind sie und sie sind wir.

So sollen wir sein,
jeder von uns einer,
jeder von uns alle.

Du greifst durch die Leere des Andersseins nach mir
und berührst deine eigene Seele!

Vergebung

Laßt uns den Schlechtesten unter uns vergeben,
denn das Schlechteste ist auch in uns,
das Schlechteste lebt in uns allen,
zusammen mit dem Besten.

Laßt uns dem Schlechtesten vergeben
in jedem von uns,
in uns allen,
damit das Beste
in jedem von uns,
in uns allen
frei wird.

Unterschiede

Laßt uns nicht nur Gleiches lieben,
sondern auch das Ungleiche.

In den Unterschieden liegt die Kraft.

Laßt uns nicht nur für uns selber leben,
sondern auch für das Andere,

das unser tiefstes Selbst ist.

Die Botschaft

Schweigen, so sagt man, ist die Stimme der
Komplizen.
Aber Schweigen ist nicht möglich.
Schweigen schreit.
Schweigen ist Botschaft,
so wie Nichtstun Handlung.

In jedem Wort, in jeder Handlung
laß dein Wesen laut erklingen und widerhallen.
Nimm dein eigenes Wesen an.
Es führt kein Weg daran vorbei,
weder an deinem Wesen noch an der Verantwortung.

Du bist, was du tust.
Du bist deine wohlverdiente Strafe.
Du wirst deine eigene Botschaft.

Du bist die Botschaft.

Im Geiste von Crazy Horse

Leonard Peltier

Anhang

Die Lebensdaten Leonard Peltiers

12. September 1944

Leonard Peltier wird als Sohn von Leo und Alvina Peltier in Grand Forks, North Dakota, geboren.

1948 bis 1953

Er wächst hauptsächlich bei den Großeltern Alex und Mary Dubois-Peltier im Turtle Mountain Chippewa-Reservat in North Dakota auf.

1953 bis 1956

Besuch der indianischen BIA-Schule in Wahpeton, North Dakota.

1957

Hauptschulabschluß an der indianischen Schule in Flandreau, South Dakota, Rückkehr ins Turtle Mountain-Reservat.

1958

Die Konflikte mit dem Gesetz beginnen: Leonard nimmt auf dem Turtle Mountain als Zuschauer an seinem ersten Sonnentanz teil und wird auf dem Weg nach draußen – ungerechtfertigterweise – wegen Trunkenheit von der BIA-Polizei festgenommen. Im gleichen Jahr wird er nochmals festgenommen, weil er versucht, von einem Vorratstruck der Army Dieselöl abzuzapfen, um das Haus seiner Großeltern zu heizen. Er verbringt zwei Wochen im Gefängnis.

Er nimmt in Turtle Mountain an einem politischen Treffen teil, in dem der Regierungsbeschluß, das Reservat »aufzulösen«, diskutiert wird. Er beschließt, ein Krieger für die Sache seines Volkes zu werden.

Sein Antrag auf ein Stipendium der Kunsthochschule Santa Fe wird abgelehnt. Er verläßt die Schule.

1959

Er zieht nach Seattle und wohnt bei der Familie seines Cousins Bob Robideau.

1961

Wegen wiederkehrender Kieferprobleme wird Peltier von der Marine für untauglich erklärt.

1965

Peltier und sein Cousin Bob Robideau eröffnen gemeinsam eine Autokarosseriewerkstatt in Seattle.

1968

Das American Indian Movement (AIM) entsteht in Minneapolis.

1969

Die Insel Alcatraz wird von indianischen Aktivisten besetzt. Peltier ist daran nicht beteiligt, aber diese Besetzung ist der Beginn seiner Politisierung und das Vorbild für seine späteren Bemühungen als indianischer Aktivist.

8. März 1970

Er besetzt gemeinsam mit anderen indianischen Aktivisten das leerstehende Fort Lawton bei Seattle; mit dieser Aktion berufen sie sich auf ein Bundesgesetz, das Indianern das Vorrecht auf von der Regierung nicht mehr genutztes Land zugesteht. Die Aktion wird niedergeschlagen; und die Aktivisten werden vorübergehend ins Gefängnis gesteckt, aber im Endeffekt wird Fort Lawton doch zu einem kulturellen Zentrum der Native Americans.

1972

Peltier schließt sich dem AIM an, geht ins Pine Ridge-Reservat in South Dakota und arbeitet mit dem AIM-Direktor Dennis Banks zusammen.

Er zieht nach Milwaukee, um im dortigen AIM-Büro zu arbeiten.

Im Herbst schließt er sich dem »Marsch der gebrochenen Verträge« an, einem Demonstrationszug nach Washington, um der US-Regierung eine Liste mit zwanzig Klagepunkten zu überreichen. Als BIA-Beamte ihr Versprechen brechen, den Ältesten Unterkünfte zu besorgen, besetzen die Indianer spontan das BIA-Gebäude, nur ein paar Blocks vom Weißen Haus entfernt und wenige Tage vor den Präsidentschaftswahlen 1972. Die Nixon-Regierung möchte gewaltsame Auseinandersetzungen vermeiden und verspricht, sich der Liste mit den zwanzig Klagepunkten anzunehmen (was sie nie tat) und die Rückreisekosten der Besetzer zu übernehmen. Peltier agiert bei der Besetzung als Sicherheitschef und wird vom FBI als »Unruhestifter« registriert.

Zurück in Milwaukee wird Peltier von Polizisten in Zivil in einen Streit verwickelt, festgenommen und geschlagen. Die Polizisten behaupten, er habe sie mit einer Pistole bedroht, was Peltier abstreitet. Obwohl die Pistole kaputt und unbrauchbar ist, wird er des versuchten Mordes angeklagt. Er verbringt bis zur Verhandlung fünf Monate im Gefängnis, während andere AIM-Aktivisten die berühmte Belagerung von Wounded Knee im Pine Ridge-Reservat in South Dakota beginnen. Im April gelingt es Freunden, das Geld für die Kaution zusammenzubekommen. Peltier taucht unter, weil er bezüglich der Anklage wegen versuchten Mordes eine Feme befürchtet (1978 wird er von dieser Anklage freigesprochen). Jahre später beweisen durch den Freedom of Information Act (FOIA) zugänglich gemachte Dokumente, daß das FBI örtliche Polizisten angewiesen hatte, AIM-Anführer »unter jedmöglichem Vorwand festzunehmen«.

1973

Am 9. Mai 1973 endet nach vorausgegangenen Verhandlungen die 71tägige Belagerung von Wounded Knee mit der Aufgabe der Besetzer. Die sogenannten GOONs üben immer noch ihre berüchtigte »Schrekkensherrschaft« über die Traditionalisten in Pine Ridge und ihre Unterstützer beim AIM aus.

Ende 1973 bis Anfang 1975

Der flüchtige Peltier nimmt am Kampf der Puyallup und Nisqually um die Fischereirechte in Washington State teil und ist bei AIM-Protestaktionen in Arizona und Wisconsin dabei.

1975

Wegen der Verschlimmerung der Schreckensherrschaft rufen die Ältesten des Pine Ridge-Reservates Anfang 1975 das AIM herbei, damit es sie vor Angriffen der GOONs schützt. Unter denen, die kommen, ist auch Leonard Peltier. In der Hoffnung, weitere Angriffe abwehren zu können, errichtet er zusammen mit den anderen eine kleine »Zeltstadt« auf dem Grundstück der Jumping Bulls, nahe Oglala.

Am 26. Juni fahren die beiden FBI-Agenten Jack Coler und Ronald Williams mit hoher Geschwindigkeit in ungekennzeichneten Autos auf das Grundstück der Jumping Bulls. Vorgeblich verfolgten sie einen roten Truck, in dem sie einen kleinen Dieb vermuteten. Das FBI blieb bis heute die Erklärung schuldig, warum es einen derartigen Aufwand betrieb, einen kleinen Dieb zu fassen – der ein Paar alte Cowboystiefel gestohlen haben soll –, die dutzendfachen ungeklärten Morde an AIM-Anhängern in dieser Zeit jedoch nicht untersuchte. Zwischen den als FBI-Agenten nicht zu identifizierenden Eindringlingen und den Verteidigern des AIM kommt es zu einem Feuergefecht. Innerhalb von Minuten umzingeln FBI-Agenten, US-Marshals, BIA-Polizisten und schießfreudige GOONs das Gelände. FBI-Dokumenten zufolge waren viele von ihnen schon seit mindestens zwanzig Minuten auf ihren Posten. In dem stundenlangen, erbitterten Gefecht kommen die beiden FBI-Agenten und ein Indianer zu Tode. Am späten Nachmittag gelingt Peltier und mehr als zwei Dutzend Indianern die Flucht vom Anwesen. Sie können den immer näher rückenden Gesetzeshütern gerade noch entkommen.

Zur gleichen Zeit unterschreibt der Stammesführer ein geheimes Abkommen, in dem er ein Achtel des Pine Ridge-Reservates an die Bundesregierung überschreibt – Land, das reich an Uran und anderen Mineralvorkommen ist. Viele der traditionell gesinnten Indianer glauben, daß der Angriff des FBI am 26. Juni ein geplantes Ablenkungsmanöver war, um diesen Handel zu vertuschen. Die Ablenkung geriet zur Katastrophe, als die beiden Agenten dabei zu Tode kamen.

Nachdem Leonard Peltier und die anderen entkommen sind, beginnt das FBI eine weiträumige

Jagd auf die Flüchtigen und terrorisiert die traditionelle Gemeinde des Reservates.

Peltier nimmt im August heimlich am Sonnentanz bei Crow Dog teil, flieht dann in Richtung Nordwesten, entkommt nach Kanada und findet Unterschlupf bei einer fern jeder Zivilisation lebenden Gruppe von Indianern in den Rocky Mountains.

5. September

Inmitten dieser neuen Welle von ungeklärten Morden an AIM-Mitgliedern stürmt das FBI das Haus des Medizinmannes Leonard Crow Dog, dem spirituellen Anführer der Belagerung von Wounded Knee. Sie nehmen dabei Darrell »Dino« Butler – einen weiteren Flüchtigen der Schießerei bei Oglala –, Crow Dog selbst und die AIM-Aktivistin Anna Mae Aquash fest. Die beiden letzteren waren nicht bei der Schießerei von Oglala dabei.

Anna Mae Aquash zufolge droht das FBI ihr mit dem Tod, sollte sie nicht falsch gegen Peltier und andere AIM-Mitglieder aussagen. Sie weigert sich.

10. September

In der Nähe von Wichita, Kansas, explodiert ein von Bob Robideau, einem weiteren Flüchtigen, gefahrener Kombi. Das FBI findet im Autowrack ein verkohltes AR-15-Gewehr, von dem es ohne jeden Beweis behauptet, es sei erstens die Mordwaffe und zweitens das Gewehr Leonard Peltiers. Diese Waffe und die angeblich daraus stammenden Geschoßhülsen bildeten im späteren Verfahren das hauptsächliche Belastungsmaterial.

Oktober

Aus FBI-Laborberichten – die erst Jahre später im Zuge des FOIA ans Licht kamen – geht hervor, daß die Wichita AR-15 einen anderen Bolzen hat als das Gewehr, das auf dem Grundstück der Jumping Bulls benutzt wurde. Damit war eindeutig bewiesen, daß es sich bei der AR-15 nicht um die Mordwaffe handelte. Die Ankläger halten diesen Bericht und weiteres entlastendes Beweismaterial unter Verschluß und machen es Leonard Peltiers Verteidigung in Fargo nicht zugänglich.

25. November

Gegen vier Männer wird von einer Federal Grand Jury wegen der Rolle, die sie angeblich beim Tod der beiden FBI-Agenten gespielt haben, Anklage erhoben. Die vier sind Leonard Peltier, Bob Robideau, Dino Butler und Jimmy Eagle (jener Mann, dessen angeblicher Diebstahl eines Paars alter Cowboystiefel die beiden Agenten am Tag der Schießerei auf das Anwesen der Jumping Bulls geführt haben soll).

1976

6. Februar

Peltier wird von der Royal Canadian Mounted Police im Westen Kanadas festgenommen. Er wird unter strengen Sicherheitsvorkehrungen im Oakalla-Gefängnis, Vancouver, British Columbia, festgehalten, während langwierige Auslieferungsverhandlungen geführt werden.

10. Februar

Das FBI veröffentlicht einen Bericht, demzufolge ein Zusammenhang zwischen der Wichita AR-15 und einigen 223-Kaliber-Patronenhülsen besteht, die später im Kofferraum eines der beiden Agentenfahrzeuge gefunden wurden. Der Bericht steht vollkommen im Widerspruch zum ersten Laborbericht, den das FBI unter Verschluß hält.

24. Februar

In einem Graben im Pine Ridge-Reservat wird die verweste Leiche einer unbekannten Frau gefunden. Der Leichenbeschauer des BIA stellt als Todesursache Unterkühlung fest. Ihre Hände werden von den Armen abgetrennt und zur Identifizierung der Leiche vom FBI mitgenommen.

5. März

Die Tote wird als Anna Mae Aquash identifiziert, jene AIM-Aktivistin, die sich trotz der Morddrohungen des FBI geweigert hatte, gegen ihre AIM-Brüder und -Schwestern falsch auszusagen.

11. März

Anna Mae Aquashs Familie aus dem MicMac-Reservat in Nova Scotia läßt den in Pine Ridge begrabenen Leichnam exhumieren. Ein anderer Leichenbeschauer entdeckt ein Detail, das der Leichenbeschauer des BIA unerklärlicherweise übersehen

hatte: Der Frau war aus kurzer Entfernung in den Hinterkopf geschossen worden. Ihr Tod, kurz bevor sie in den Verhandlungen gegen Peltier und die anderen hätte aussagen sollen, ist ein Rätsel, das man bis heute zu lösen versucht. Anna Mae muß wohl ihren Tod vorausgeahnt haben, als sie schrieb:
»Ich bin immer Indianerin gewesen und werde es auch immer sein. Ich werde nicht aufhören zu kämpfen, bis ich sterbe, und ich hoffe, daß ich ein gutes Beispiel für die Menschheit und für meinen Stamm bin. ... Ich besitze das Recht, meinen Weg durch die Welt ungehindert fortzusetzen. ... Ich werde durch den Regen zu euch sprechen ...«

31. März

Das FBI bemüht sich weiterhin, überzeugende Beweise für Peltiers Schuld zu finden, um seine Auslieferung aus Kanada zu erwirken. Sie zeigen einer verwirrten indianischen Frau, Myrtle Poor Bear, Fotos von Annas abgeschnittenen Händen und sagen, daß sie und ihre Tochter ein ähnliches Schicksal erwarten könnte, wenn sie nicht kooperierte. Unter diesem Druck unterschreibt sie eine eidesstattliche Erklärung, die das FBI für sie vorbereitet hat und in der sie behauptet, Peltiers Freundin zu sein (obwohl sie ihm nie begegnet war) und gesehen zu haben, wie er die beiden Agenten erschoß (obwohl sie überhaupt nicht am Tatort war, wie das FBI wohl wußte). Diese Aussage in Verbindung mit anderem gefälschtem Beweismaterial befinden die kanadischen Gerichte dann für ausreichend, um Peltier an die USA auszuliefern. Die Auslieferung wird angeordnet, aber aufgrund seiner Einsprüche bleibt er noch bis Dezember in Kanada.

7. Juni bis 16. Juli

In Cedar Rapids, Iowa, findet die Verhandlung gegen Dino Butler und Bob Robideau statt. Sie erklären sich für nicht schuldig, weil sie in Notwehr auf die eindringenden Agenten Coler und Williams geschossen haben. Nach einer turbulenten Verhandlung werden sie von den Mordanklagen freigesprochen.

Unzufrieden mit dem Ausgang der Verhandlung in Cedar Rapids, läßt das FBI die Klage gegen Jimmy Eagle fallen, um, wie später durch den FOIA bekannt werden sollte, »die strafrechtliche Verfolgung der Bundesbehörden voll und ganz auf Leonard Peltier zu konzentrieren«.

16. Dezember

Peltier wird aufgrund gefälschter Beweise und Falschaussagen von Kanada an die USA ausgeliefert. Unter strengsten Sicherheitsvorkehrungen wird er von Vancouver nach Rapid City in South Dakota geflogen.

1977

16. März

Beginn der Verhandlung gegen Peltier wegen zweifachen Mordes in Fargo, North Dakota. Auf Betreiben der Behörden wurde die Verhandlung von Cedar Rapids in Iowa, wo Butler und Robideau freigesprochen worden waren, in diese als indianerfeindlich bekannte Gegend verlegt. Der vorsitzende Richter in Fargo läßt ausschließlich auf den Tag der Schießerei, den 26. Juni 1975, bezogene Beweise zur Verhandlung zu. Damit werden die Umstände der vorhergehenden »Schreckensherrschaft«, die Falschaussage von Myrtle Poor Bear, die Einschüchterung und Nötigung von Zeugen durch das FBI sowie fast alle Beweise, die zum Freispruch von Butler und Robideau wegen Notwehr geführt hatten, vom Verfahren ausgeschlossen. Der Richter erklärt: »Das FBI steht nicht unter Anklage.« Peltier darf sich nicht auf Notwehr berufen. In einem schockierenden Verfahren, in dem die Ungerechtigkeit der amerikanischen Justiz offen zutage tritt, wird der Verteidigung beinahe jegliches entlastende Beweismaterial vorenthalten.

18. April

Die durch die Bank weiße und von den Behörden eingeschüchterte Jury erklärt Leonard Peltier nach acht Stunden Beratung schuldig des Mordes an den beiden FBI-Agenten.

2. Juni

Peltier wird zu zweimal lebenslänglich verurteilt. Nach kurzem Aufenthalt in Leavenworth wird er in das Hochsicherheitsgefängnis in Marion, Illinois, gebracht.

4. Juli 1978

Peltier wird von einem anderen indianischen Mitgefangenen gewarnt, daß er vom Hochsicherheitsgefängnis in Marion nach Lompoc nahe Santa Barbara in Kalifornien verlegt werden soll, wo man ein Mordkomplott gegen ihn schmiede.

1979

5. März

Der Supreme Court der Vereinigten Staaten lehnt eine Wiederaufnahme des Falles Peltier ab.

10. April

Peltier wird nach Lompoc verlegt.

20. Juli

Aus Angst vor dem Mordanschlag klettert Peltier zusammen mit den Häftlingen Dallas Thundershield und Bobby Garcia über die Umzäunung und flieht aus Lompoc. Dallas Thundershield wird von hinten erschossen und stirbt. Bobby Garcia wird schnell gefaßt, aber Peltier kann einer großangelegten Fahndung entkommen und wird erst fünf Tage später auf einem Feld gestellt. In seiner Verhandlung darf Peltier als Motiv seiner Flucht das Mordkomplott nicht zu seiner Verteidigung vorbringen. Seinen beiden lebenslänglichen Haftstrafen werden noch sieben Jahre Freiheitsentzug angehängt.

1980

4. Februar

Peltier wird ins Hochsicherheitsgefängnis in Marion zurückverlegt. Er glaubt inzwischen, daß die Geschichte vom »Mordkomplott« nur dazu dienen sollte, ihn zur Flucht zu bewegen, damit die Wächter eine Legitimation hätten, ihn zu töten.

13. Dezember

Bobby Garcia wird tot in der Bundesstrafvollzugsanstalt von Terre Haute aufgefunden. Den Behörden zufolge war es Selbstmord. Viele sind überzeugt, daß er umgebracht wurde.

1. Oktober 1984

In Bismarck, North Dakota, beginnen die Anhörungen für ein Wiederaufnahmeverfahren. Vorsitzender ist derselbe Richter, der auch die Verhandlung in Fargo geführt hatte.

1985

22. Mai

Obwohl der damalige Ankläger zugibt, daß die Strafverfolgungsbehörden nicht wissen, wer die FBI-Agenten erschossen hat, lehnt der Richter Peltiers Gesuch um einen Revisionsprozeß ab.

Juni

Peltier wird ins Gefängnis von Leavenworth in Kansas verlegt.

11. September 1986

Das 8th Circuit Court of Appeals bestätigt die ergangenen Urteile, obwohl es dem FBI Fehlverhalten vorhält.

1991

18. April

Richter Gerald Heaney am 8th Circuit Court of Appeals, der 1986 Peltiers Gesuch abgelehnt hatte, schreibt nun – nach seinem Ausscheiden aus dem Amt – einen Brief an den Präsidenten, in dem er sich aufgrund triftiger Beweise dafür, daß FBI und andere staatliche Behörden vor, während und nach der Verhandlung in Fargo ungesetzlich gehandelt hätten, für die Begnadigung Leonard Peltiers ausspricht.

5. Juli

In Leavenworth komt es zu einem Aufruhr. Peltier wird wegen »aktiver Teilnahme« bestraft, obwohl er nur versuchte, andere indianische Häftlinge aus der Rauferei herauszuhalten. Später wird er von dem Vorwurf freigesprochen, aber erst, nachdem er eine Weile im Loch verbracht hat.

Oktober

In Bismarck, North Dakota, wird die Beweisaufnahme für einen Revisionsprozeß geführt.

30. Dezember

Abermals wird das Gesuch um ein Wiederaufnahmeverfahren von dem Richter abgewiesen, der die Verhandlung in Fargo 1977 geleitet hatte.

1992

23. März

Peltiers Anwälte richten ein erneutes Gesuch an das 8th Circuit Court of Appeals.

9. November

Wiederum gibt der ehemalige Ankläger vor diesem Appelationsgericht zu, daß die Strafverfolgungsbehörden nicht wissen, wer die Morde an den zwei Agenten begangen hat.

1993

7. Juli

Trotz des überwältigenden Entlastungsmaterials lehnt das Gericht ein weiteres Mal Peltiers Gesuch ab und bestätigt das Urteil der vorherigen Instanz.

21. November

Nachdem die Kommission für Strafaussetzung das Gesuch um Bewährung abgelehnt hat, schreibt Peltiers Anwalt Ramsey Clark ein offizielles Gnadengesuch an den Präsidenten. Das Gesuch wird zur Überprüfung an den Generalstaatsanwalt weitergeleitet, der dann dem Präsidenten eine Empfehlung schreiben muß. Dieser Vorgang dauert in der Regel zwischen drei und neun Monaten.

1995

6. Februar

Peltiers »begeht« den 20. Jahrestag seiner Inhaftierung.

Dezember

Peltier wird zur Behandlung seines Kieferleidens zeitweilig in die Bundeskrankenanstalt für Häftlinge in Springfield, Missouri, verlegt. Sechs Bluttransfusionen werden bei der Operation benötigt, der Patient stirbt beinahe.

19. März 1996

Die Kommission für Strafaussetzung lehnt es erneut ab, Peltier auf Bewährung freizulassen. Er soll sich im Jahre 2008 wieder an sie wenden.

1998

4. Mai

In einer Zwischenanhörung bestätigt die Kommission für Bewährungsstrafen ihr Urteil. Peltier wird erneut mitgeteilt, er solle es 2008 wieder versuchen.

12. September

Leonard Peltier feiert seinen 54. Geburtstag. Er ist seit seinem 32. Lebensjahr in Haft.

21. November

Fünf Jahre, nachdem das Gnadengesuch gestellt worden ist, liegt Peltiers Bitte um Begnadigung immer noch im Büro des Generalstaatsanwaltes.

19. Dezember

Am Nationalen Tag des zivilen Ungehorsams wird auch das lange Zuwarten der Regierung mit ihrer Antwort auf das Gnadengesuch thematisiert.

1999

6. Februar

Leonard Peltier beginnt sein 24. Jahr in Haft.

Leonard Peltier vor Gericht

Heute sind mir Gerichtssäle verhaßt, denn nur zu oft habe ich erlebt, daß sie kein Hort der Gerechtigkeit, sondern eine Stätte des Unrechts sind. Staatsanwälte verfolgen in ihrem blinden Ehrgeiz Unschuldige wie Schuldige ohne Unterschied. Für sie ist der Schuldnachweis um jeden Preis wichtiger als die Wahrheitsfindung, ganz zu schweigen von Gerechtigkeit, von klugem Abwägen, von Menschlichkeit und Mitgefühl. Sie bringen ahnungslose Geschworene durch Fehlinformationen, mit List und Tücke oder sogar durch Einschüchterung dazu, Fehlurteile zu fällen. Ebenso oft, wie die Justiz als Hüterin der Wahrheit auftritt, arbeiten sich ihre Vertreter, vom einfachen Polizisten bis zum Richter, gegenseitig in die Hände, wenn es darum geht, die Wahrheit zu unterdrücken oder zu verfälschen. Immer neue Haftanstalten werden gebaut für die Menschen, die, schuldig oder unschuldig, in diesem grausamen System gefangen sind, und hinter ihren kalten Mauern und unmenschlichen Stacheldrähten setzt sich das Unrecht fort, werden die Häftlinge immer weiter und mit immer größerer Härte bestraft, als wäre es nicht Strafe genug, der Freiheit beraubt zu sein. Denjenigen, die im Bau immer neuer Gefängnisse das Heil-

mittel gegen alles Übel in den Vereinigten Staaten sehen, möchte ich zurufen: Überlegt euch, was ihr da tut! Vielleicht könnt ihr die Straßen von allen unerwünschten Personen, von allem Andersartigen säubern, aber eines schönen Tages, meine Freunde, wird man euch selbst vielleicht zu diesen Andersartigen zählen – und dann werdet ihr feststellen, daß eine der schönen neuen Zellen, die ihr mit euren Steuergeldern bezahlt habt, eigens für euch gebaut wurde.

Ich möchte an dieser Stelle das Schlußwort anfügen, das ich vor der Verkündung des Strafmaßes im Prozeß von Fargo hielt. Ich weiß, es sind harte Worte, aber sie kommen aus tiefstem Herzen. Der vorsitzende Richter kommentierte sie, bevor er mich zu zweimal lebenslänglich verurteilte, mit einem einzigen Satz: »Sie geben vor, für die Sache Ihres Volkes zu kämpfen, aber Sie erweisen den indianischen Völkern einen schlechten Dienst.«

Bilden Sie sich selbst ein Urteil, wer damals, an jenem schwarzen Tag in der Geschichte des staatlichen Unrechts in Amerika, die Wahrheit sprach.

L.P.

Leonard Peltiers Schlusswort vor der Verkündung des Strafmaßes Fargo, North Dakota, 1. Juni 1977

Weder ich selbst noch mein Volk zweifeln daran, daß Ihr Urteil zweimal lebenslänglich lauten wird. Sie sind und waren von Anfang an voreingenommen gegen mich und jeden indianischen Angeklagten, der je vor Ihnen gestanden hat. Sie haben sich während des gesamten Prozeßverlaufs offen auf die Seite der Staatsanwaltschaft gestellt und sich zum willigen Instrument des FBI gemacht.

Ich habe Sie nicht immer so eingeschätzt. Als ich Sie das erste Mal im Gerichtssaal von Sioux Falls sah, ließ ich mich von Ihrem würdevollen Auftreten täuschen und hielt Sie für einen unvoreingenommenen Richter, der die Gesetze kennt und sich nach ihnen richtet. Ich hielt Sie für einen unparteiischen Richter, der in diesem Prozeß keine der beiden Seiten begünstigen oder benachteiligen würde. Ich habe mich geirrt, und ich bin heute fest davon überzeugt, daß Sie mich nur deshalb zu einer zweimal lebenslänglichen Haftstrafe verurteilen werden, weil Sie meinen, ansonsten das Mißfallen des FBI auf sich zu ziehen. Warum Sie allerdings so erpicht darauf sind, es einem Staatsorgan recht zu machen, das solche Schande über unser Land gebracht hat, ist mir und meinem Volk ein Rätsel. Und doch läßt Ihre bisherige Prozeßführung keinen Zweifel daran, daß Sie sich bereitwillig dem Diktat des FBI beugen werden.

Sie stehen im Begriff, der langen Geschichte der Unrechtsurteile gegen die indianische Bevölkerung der Vereinigten Staaten von Amerika ein weiteres Kapitel hinzuzufügen. War ich wirklich gut beraten zu glauben, daß Sie nach den Jahrhunderten des Völkermordes an Millionen meiner Brüder und Schwestern durch das weiße rassistische Amerika mit der Vergangenheit brechen und einen fairen Prozeß führen würden? Offensichtlich nicht. Mir hätte klar sein müssen, daß Ihr ehrwürdiges Auftreten nur eine hauchdünne Fassade ist, nicht aber Zeichen eines ehrenwerten Charakters.

Sofern Sie meine Vorwürfe als überzogen und unbegründet empfinden, will ich Ihnen erklären, was mich veranlaßt hat, sie zu erheben, und warum ich der Meinung bin, daß meine Kritik sogar noch zu mild ausgefallen ist.

Erstens: Jedesmal, wenn meine Verteidiger versucht haben, dem FBI Fehler im Zuge der Ermittlungen zu diesem Fall nachzuweisen ... und Beweise dafür vorzulegen, haben Sie ihre Einlassungen als für das Verfahren irrelevant abgewiesen. Die Staatsanwaltschaft hingegen konnte Beweise vorlegen, die in keinerlei Bezug zu diesem Verfahren stehen. Dazu gehörte ein Auto, das auf einer Straße in Wichita, Kansas, in die Luft gejagt wurde; ein gescheiterter Mordanschlag in Milwaukee, Wisconsin, zu dem es weder eine Anklage noch einen Schuldspruch gegen mich gibt; ein mit legal verkauften Schußwaffen beladener Lieferwagen; und ein Polizist in Oregon, der behauptet, man habe auf ihn geschossen.

Um einem solchen Vorgehen vorzubeugen, hat der Oberste Gerichtshof der Vereinigten Staaten per Gesetz festgelegt, daß nur Vorstrafen zur Beweisführung herangezogen werden dürfen ... Dem Gericht ist bekannt, daß ich weder vorbestraft bin noch auch nur eines der oben genannten angeblichen Verbrechen beschuldigt wurde. Sie dürfen daher in dieser Farce, die Sie einen Prozeß nennen, überhaupt nicht als Beweismittel herangezogen werden. Und darum bin ich der festen Überzeugung, daß Sie mich zu einer zweimal lebenslänglichen Haftstrafe verurteilen werden.

Zweitens: Sie können zu keiner vernünftigen Entscheidung über mein Strafmaß kommen, weil Sie mindestens eines der drei Mankos aufweisen, die einer rationalen Bewertung im Wege stehen. Das haben Sie eindeutig bewiesen, als es darum ging, über die Bedeutung der Ereignisse um Jimmy Eagle und Myrtle Poor Bear für mein Verfahren zu entscheiden. Nur ein Richter, der bewußt das Gesetz mißachtet, konnte Jimmys Fall als irrelevant für mein Verfahren einstufen. Und was die Beeinflussung der geistig verwirrten Myrtle Poor Bear betrifft, sagten Sie, ihre Aussage würde, wenn man ihr Glauben schenkte, das Gewissen des amerikanischen Volkes erschüttern! Aber was zu glauben war, darüber entschieden Sie, nicht die Geschworenen! Ihre Prozeßführung erschütterte den Glauben an das, wofür das amerikanische Rechtssystem steht – die Wahrheitsfindung durch eine Jury unabhängiger Bürger. Warum hatten Sie solche Angst davor, diese Zeugenaussage zuzulassen? Weil Sie sich zum Handlanger eines korrupten Verfahrens gemacht haben, dessen vorgefaßtes Ziel eine Verurteilung um jeden Preis war, gleichgültig, welchen Schatten das auf Ihren guten Ruf als Richter werfen würde? Auch darum bin ich der festen Überzeugung, daß Sie der Forderung des FBI folgen und mich zu einer zweimal lebenslänglichen Haftstrafe verurteilen werden.

Drittens: Wer den Zusammenhang zwischen dem Verfahrensverlauf und den Begleitumständen der Ermittlungen bei der Befragung der jugendlichen Navajo-

Indianer durch das FBI leugnet – Wilford Draper, der drei Stunden lang an einen Stuhl gefesselt war und keinen Kontakt mit seinem Anwalt aufnehmen durfte; die offene Morddrohung gegen Norman Browan; die physische Bedrohung von Mike Anderson; und schließlich Anna Mae Aqueshs Ermordung –, der muß in meinen Augen blind, naiv oder völlig gefühlskalt sein. Ich sehe daher kaum eine Chance, daß Sie in der Lage sein werden, ein anderes als das vom FBI geforderte Urteil zu verhängen, das auf eine zweimal lebenslängliche Haftstrafe lautet.

Viertens: Sie sind nicht fähig zu begreifen, daß die Verurteilung eines AIM-Aktivisten auch dazu herhalten soll, zu verschleiern, was selbst die Erkenntnisse der Staatsanwaltschaft beweisen – daß an der Schießerei am 26. Juni 1975 eine ganze Gruppe indianischer Bürger beteiligt war. Sie sind nicht fähig zu begreifen, worum es dem Staat geht: nämlich, zu verschleiern, daß sich unter der indianischen Bevölkerung wachsender Unmut breitmacht und daß sie die militärischen Übergriffe des kapitalistischen Amerika nicht mehr hinnehmen wird, was sich am 26. Juni 1975 deutlich gezeigt hat, als die Bewohner von Pine Ridge in großer Zahl zu den Waffen griffen, um sich zu verteidigen. Und daher sind Sie auch nicht fähig, mir gegenüber Ihre Pflicht als unabhängiger Richter zu erfüllen, und Sie werden mich zu einer zweimal lebenslänglichen Haftstrafe verurteilen.

Fünftens: Ich stehe mit erhobenem Haupt vor Ihnen. Ich bin mir keiner Schuld bewußt. Ich habe keine Schuld auf mich geladen! Ich bereue nicht, ein AIM-

Aktivist zu sein. Tausende von Menschen in den Vereinigten Staaten, in Kanada und in der ganzen Welt stehen hinter mir und werden auch weiterhin dafür eintreten, daß das Unrecht, das mir vor diesem Gericht widerfahren ist, öffentlich bekannt wird. Ich bedauere Ihr Volk, das unter einem solchen Unrechtssystem leben muß, das von Habgier, Rassismus und Korruption geprägt ist – und, was das Schlimmste ist, die Zerstörung der Mutter Erde predigt. Das indianische Lebensprinzip lehrt uns, daß alle Menschen Brüder und Schwestern sind, es lehrt uns, unseren Reichtum mit den Armen und Notleidenden zu teilen. Und es lehrt uns vor allem, die Erde, die wir als unsere Mutter betrachten, zu achten und zu erhalten. Sie nährt uns an ihrer Brust. Unsere Mutter schenkt uns von unserem ersten Tag an das Leben, und wenn unsere Zeit gekommen ist, die Welt zu verlassen, nimmt sie uns wieder auf in ihren Schoß. Vor allem anderen aber lernen wir, sie für unsere Kinder und Kindeskinder zu erhalten – denn sie werden nach uns auf ihr leben.

Nein, ich stehe nicht als der Schuldige vor Ihnen. Nicht mich sollten Sie einen Verbrecher nennen. Verbrecherisch ist die Vernichtung unseres Landes und meines Volkes durch das weiße rassistische Amerika. Um Ihre Schuld vor den Augen der rechtschaffenen Menschen in Amerika und in aller Welt zu verbergen, werden Sie mich bedenkenlos zu einer zweimal lebenslänglichen Haftstrafe verurteilen.

Sechstens: Auf mehr als zweihundert Millionen Menschen kommen in den Vereinigten Staaten von Amerika weniger als vierhundert Bundesrichter. Sie bekleiden daher ein wichtiges und einflußreiches Amt, das Sie pflichtbewußt und unparteiisch ausüben sollten. Mir gegenüber waren Sie jedoch zu keinem Zeitpunkt unparteiisch. Sie sind verpflichtet, über die Einhaltung der in der Verfassung festgelegten Rechte und Gesetze zu wachen, aber in diesem Prozeß haben Sie meine Grundrechte und die des indianischen Volkes mißachtet. Und vor allem haben Sie die Menschenrechte mißachtet!

Wären Sie in diesem Prozeß unparteiisch gewesen, so hätten Sie ein offenes Ohr für die Darlegung aller Beweise gehabt. Aber um nichts in der Welt wollten Sie die Möglichkeit in Betracht ziehen, daß ein Justizbeamter im Zeugenstand lügen könnte. Wie hätten Sie also unparteiisch sein und meinen Anwälten erlauben können, darzulegen, wie wichtig es gerade in diesem Fall dem FBI war, einen AIM-Aktivisten als Schuldigen zu präsentieren und zu verurteilen? Sie sind nicht fähig zu begreifen, daß durch eine solche Verurteilung diejenigen in Mißkredit gebracht werden sollen, die ihre Brüder und Schwestern auf die neuerliche Bedrohung durch den weißen Mann aufmerksam machen und ihnen zeigen, wie im Zuge der Ausbeutung unserer Uran-, Öl- und Erzressourcen auch noch das bißchen Land verwüstet wird, das den indianischen Völkern geblieben ist. Auch um Ihre Rolle in diesem abgekarteten Spiel zu verschleiern, werden Sie mich als einen herzlosen, kaltblütigen Mörder abstempeln, der eine zweimal lebenslängliche Haftstrafe verdient.

Siebtens: Von einem Richter, der meine bisherigen Haftbedingungen offen toleriert hat, kann ich kaum eine unvoreingenommene Entscheidung darüber erwarten, ob ich zu einer lebenslänglichen Gesamtstrafe oder zu zwei lebenslänglichen Einzelstrafen verurteilt werde. Sie sind darüber informiert, unter welchen Bedingungen ich seit dem Spruch der Geschworenen im Bezirksgefängnis Grand Forks inhaftiert war: (1) Telefonate mit meinen Anwälten wegen des Berufungsverfahrens wurden mir verweigert; (2) ich wurde in Einzelhaft ohne Dusche, Seife, Handtücher, Bettlaken und Kissen gehalten; (3) das Essen war unzureichend und zudem ungenießbar; (4) meiner Familie – Brüder, Schwestern, Mutter und Vater, die von weither angereist waren – wurde die Besuchserlaubnis verweigert.

Eine solche Behandlung sollte kein Mensch erdulden müssen ... Und wieder komme ich zu dem einzig möglichen Schluß: Sie wissen und haben von Anfang an gewußt, daß Sie mich zu einer zweimal lebenslänglichen Haftstrafe verurteilen werden.

Abschließend möchte ich sagen, ich bin fest davon überzeugt, daß Sie Ihr Schuldurteil über mich schon vor langer Zeit gefällt und beschlossen haben, die vom Gesetzgeber vorgesehene Höchststrafe über mich zu verhängen. Es kann mich nicht überraschen, denn Sie bekleiden einen hohen Rang in eben dem weißen rassistischen Establishment Amerikas, das stets das Gottvertrauen auf den Lippen geführt und gleichzeitig alles darangesetzt hat, unser Volk zu vernichten und unsere Kultur zu zerstören.

Das einzige Verbrechen, dessen ich mich schuldig gemacht habe und für das ich verurteilt werde, ist meine Zugehörigkeit zum Volk der Chippewa und Sioux – und mein Glaube an unsere heilige Religion.

Das Urteil des Richters lautete auf zweimal lebenslänglich. Der Tag wird kommen – davon bin ich überzeugt – an dem ein höherer Richter das Urteil über ihn spricht.

Zum Schluß möchte ich ein paar Sätze anfügen, die ich vor dem Berufungsgericht sprach, nachdem mein Antrag auf Wiederaufnahme des Verfahrens trotz erdrückender Beweise zu meiner Entlastung abgewiesen worden war.

Bevor man mich ins Gefängnis schickte, weil ich gemeinsam mit Gleichgesinnten die Verbrechen gegen die Menschenrechte und gegen unsere Mutter Erde anprangerte, habe ich viele Jahre lang die Stimme erhoben gegen das Unrecht, das unser indianisches Volk erdulden muß. Ich bin nicht verstummt, nur weil man mich hinter Gitter gesperrt hat … Mein verbaler Widerstand und die organisatorische Arbeit, die ich leiste, sind das eigentliche Motiv für meine Inhaftierung.

Ich bin fest davon überzeugt, daß selbst den Leuten vom FBI und von der Staatsanwaltschaft, die mit diesem Fall befaßt waren, bewußt ist, daß ich mich nie der Anstiftung oder Beihilfe zum Mord schuldig gemacht habe. Ich war nie ein Befürworter der Gewalt. Ich habe nie Gewalt angewendet.

Und ich werde niemals Gewalt anwenden.

Leonard Peltier

Solidarität mit Leonard Peltier

von Harvey Arden

Während ich diese Zeilen – kurz vor Weihnachten 1998 – schreibe, ist für die Insassen der Bundesstrafvollzugsanstalt Leavenworth, Kansas, eine Kontaktsperre verhängt worden. Gerade in dem Moment, da sein Buch zum Satz gehen soll, ist der Autor Leonard Peltier für mich also unerreichbar. Die Kontaktsperre ist die Antwort der Anstaltsleitung auf einen Aufruhr im Gefängnis, mit dem Leonard allerdings nichts zu tun hatte. Dennoch wird er zusammen mit allen anderen Häftlingen kollektiv bestraft. Alle persönlichen Gegenstände der Insassen sind aus den Zellen entfernt worden. Die Gefangenen selber sind in der letzten Woche nur ein einziges Mal für zehn Minuten zum Duschen aus ihren Zellen herausgelassen worden. Ausgerechnet jetzt, wo ich sein Einverständnis zu meinen redaktionellen Änderungen an seinem Manuskript brauche, ist ihm jeder Kontakt zur Außenwelt untersagt – keine Besuche, keine Anrufe, nichts. Es ist mir zur Zeit unmöglich herauszufinden, wie es ihm geht oder was mit ihm passiert ist.

Aber dergleichen ist in den Jahren, die wir zusammen an diesem Buch gearbeitet haben, schon öfter passiert.

Das Internationale Büro des Leonard Peltier Defense Committee verschickt ganze Breitseiten von E-Mails mit der Bitte an seine Unterstützer, sich an die Vollzugsanstalt (Telefon 001-913-6 82 87 00) oder an die Gefängnisbehörde (Telefon 001-202-3 07 31 98, Telefax 001-202-514 68 78) zu wenden und sich nach Leonards Gesundheitszustand und Sicherheit zu erkundigen. Beide, Anstalt wie Behörde, sind bereits mit Anrufen, Faxen und Briefen überschwemmt worden, weil sie sich weigern, Leonards Kieferprobleme – verursacht durch eine Kiefersperre in seiner Kindheit und durch eine Operation im Gefängniskrankenhaus von Springfield zwei Jahre zuvor nicht behoben – fachkundig medizinisch behandeln zu lassen. Auch ein Verfahren ist beiden deswegen schon angedroht worden. In diesem Herbst ging das Gerücht um, die Anstaltsleitung würde Leonard endlich gestatten, sich von Ärzten der anerkannten Mayo Klinik behandeln zu lassen. Leider hat sich das bislang nicht bestätigt. Wir hoffen weiter.

Mittlerweile ist Leonards Fall für amnesty international zu einem Kernstück geworden – so in der Dokumentation 1998/99 über die Menschenrechtsverletzungen in den Vereinigten Staaten. In Dutzenden von Städten im ganzen Land finden friedliche Demonstrationen statt, um Leonards Fall publik zu machen. Präsident Clinton – der einzige Mensch, der Leonard mit einem Federstrich die Freiheit zurückgeben könnte und dazu schon fünf Jahre Zeit hatte – steht dieser Tage selber unter heftigem Druck: ein weiteres Opfer eines übereifrigen und rachsüchtigen Anklägers.

Erst kürzlich haben das Europäische Parlament und die Regierungen Italiens und Belgiens Resolutionen verabschiedet, in denen sie nicht nur die Begnadigung Leonard Peltiers fordern, sondern auch den Kongreß dazu aufrufen, die Begleitumstände seines Falls und die ganze Ära der »Schreckensherrschaft« in Pine Ridge in den 70er Jahren zu untersuchen, ebenso die amtlichen Verstrickungen. In der kanadischen Regierung werden immer mehr Stimmen laut, die eine Rückführung Peltiers nach Kanada verlangen, von wo aus er 1976 auf betrügerische Weise an die US-Regierung ausgeliefert worden war.

Ich bete darum, daß Leonard Peltier ein freier Mann sein wird, wenn dieses Buch erscheint, damit wir ihn endlich selbst hören können. Auch wenn sie nur allzuoft unter Schmerzen, in Dunkelheit und Isolation zu Papier gebracht wurden, strahlen doch seine Worte – wie überhaupt der leuchtende Geist dieses außergewöhnlichen Menschen – durch jede dieser Seiten. Ich möchte Leonard für die große Ehre danken, daß er mich dazu auserkoren hat, seine Texte auszuwählen, zu redigieren und in einen Zusammenhang zu bringen, danken auch dafür, daß ich ihn immer wieder anspornen durfte, auch die tiefergründigen Ebenen seiner Gedanken und Erinnerungen zu enthüllen.

Ich hoffe, daß dieses Buch, das in den letzten zwei Jahren unter oft mühseligen Bedingungen entstanden ist, dazu beiträgt, Leonards Fall wieder ins öffentliche

Bewußtsein zu rufen. Nur dann, wenn eine neue Woge der Anteilnahme und des Beistandes aufbrandet, kann es gelingen, Leonard frei zu bekommen – und damit uns selber von dem himmelschreienden Unrecht zu befreien, aufgrund dessen er ins Gefängnis kam, wo er nun fast schon seit einem Vierteljahrhundert einsitzt. Wir alle – jeder einzelne von uns – haben hingenommen, daß das geschehen konnte. Und wir alle zusammen – ja, jeder von uns –, wir müssen gemeinsam verlangen, daß damit Schluß ist.

Wenn Sie dieses Buch lesen und der US-Häftling Nr. 89637-132 zu jener Stunde noch immer ein Opfer des Unrechts sein sollte, dann ist es auch für Sie an der Zeit, laut und deutlich zu sprechen, sich einzumischen und zu handeln. Jeder einzelne von uns wird gebraucht. Oder wie Leonard gesagt hat: »Jeder von uns ist eine Ein-Mann-Armee!« Um Ihre Stimme zu erheben, um Ihr Gewissen vorstellig werden zu lassen, setzen Sie sich mit folgender Adresse in Verbindung:

Leonard Peltier Defense Committee
P.O. Box 583
Lawrence, KS 66044
Tel.: 001-785-842 57 74
lpdc@idir.net

Im Geiste Leonard Peltiers
Harvey Arden
Dezember 1998

Inhalt

Inhalt

Das Papier dieses Buches, einschließlich Überzug und Vorsatz, besteht zu 100 Prozent aus Altpapier. Das Kapitalband wurde aus ungefärbter und ungebleichter Baumwolle gefertigt.